신경향

이동기 영어
실전동형
모의고사 VOL.2

정답과 해설

제1회 실전동형 모의고사 Vol.2

01	①	02	④	03	④	04	③	05	④
06	④	07	②	08	①	09	④	10	①
11	①	12	③	13	①	14	②	15	①
16	③	17	③	18	④	19	④	20	②

01

어휘

agility 민첩함   troubleshooting 문제 해결   allow ~하게 하다
efficiently 효율적으로   complete 완료하다   nimble 빠른
gradual 점진적인   sluggish 느릿한   sudden 갑작스러운

해석

그 소프트웨어 개발자의 빠른 생각과 문제 해결에서의 민첩함이 그녀가 효율적으로 프로그램의 오류를 고치고 그 프로젝트를 제시간에 완료하게 했다.

정답 ①

02

어휘

loose 헐거워진   shake 흔들리다   prevent 방지하다   accident 사고
store 저장하다   spoil 망치다   withdraw 빼내다   mend 수리하다

해석

그 의자의 다리가 헐거워지고 위험하게 흔들려서 그는 어떤 사고든 방지하기 위해 그것을 수리하기로 결정했다.

정답 ④

03

어휘

renewable 재생 가능한   energy source 에너지원
hydroelectric power 수력발전   sustainable 지속 가능한
solution 해결책

해석

태양, 풍력, 수력발전 같은 다양한 형태의 재생 가능한 에너지원은 지속 가능한 에너지 해결책으로 불린다.

해설

문법 포인트 동사의 유형별 수동태 / 주어 – 동사 수 일치 문장의 동사가 들어가야 하는 자리이다. 주어는 types로 복수이고, 동사 refer는 「refer to A as B」의 형태로 'A를 B라고 부르다'를 의미한다. 이 구문의 A에 해당하는 것이 주어가 된 수동태 문장이므로 빈칸에 들어갈 동사는 ④ are referred to as가 적절하다.

정답 ④

04

어휘

rapidly 급격히   seize 잡다   come one's way (우연히) 찾아오다
possession 보유   theoretical 이론적인   achieve 성취하다
determination 결단력   perseverance 인내   value 높이 평가하다

natural aptitude 천성   when it comes to ~에 관한 한
overcome 극복하다   obstacle 장애(물)   appreciate 높이 평가하다
resilience 회복력   willingness 자진해서 하기   complex 복잡한
recognize 인식하다   expand 확장하다   perspective 시각
in the end 결국에는   adapt 적응하다   thrive 번성하다
momentum 기세

해석

급격히 변화하는 세상에서 사람들은 종종 단지 계속 앞으로 전진하기 위해 자신들에게 찾아온 어떤 기회라도 잡아야 했다. 이론적 지식의 보유만으로도 실용적 기술만으로도 진정한 성공을 성취하는 데 충분하지 않았다. 장애물을 극복하는 것에 관한 한 결단력과 인내는 종종 사실상 천성으로까지 평가되었으며, 공동체는 회복력과 자진해서 배우려는 모습을 모두 보여주는 사람들을 높이 평가했다. 어려움이 더 복잡해지면서 개인들은 자신들이 지속적으로 시각을 확장해야 할 필요가 있다는 것을 인식했다. 결국 많은 사람들이 번성하고 그들의 기세를 유지하기를 희망한다면 재빠르게 적응할 수밖에 없다는 것을 깨달았다.

해설

③ 문법 포인트 분사구문 with 분사구문에서 목적격보어 appreciate의 목적어로 those가 왔다. 따라서 지역사회가 '인정하는'이라는 능동의 의미이므로 현재분사인 appreciating으로 고쳐야 한다. (appreciated → appreciating)
① 문법 포인트 완전타동사와 동작의 목적어 동사 keep은 동명사를 목적어로 취하는 완전타동사이므로 동명사 moving이 목적어로 바르게 쓰였다.
② 문법 포인트 능동태 vs. 수동태 구분 타동사 value의 목적어가 없으므로 수동태로 바르게 쓰였다.
④ 문법 포인트 준동사 주요 표현 「have no choice but to부정사」는 '~할 수밖에 없다'를 의미하는 준동사 주요 표현으로 to부정사가 바르게 쓰였다.

정답 ③

05

어휘

curious 기이한   remarkable 놀라운   age 나이를 먹다
backward 거꾸로   challenge 도전하다   traditional 전통적인
perception 인식   delve into 탐구하다   profound 심오한
transient 덧없는   unusual 특이한   isolate 고립시키다
uniqueness 독특함   universal emotion 보편적 정서
remind 상기시키다   connection 관계

해석

<벤자민 버튼의 기이한 사건>은 나이를 거꾸로 먹는 남자에 관한 놀라운 이야기로 시간과 삶의 전통적인 인식에 도전한다. 이 영화는 벤자민의 특이한 상태가 그를 평범한 삶으로부터 고립시키면서 사랑, 상실, 그리고 인간관계의 덧없는 속성이라는 심오한 주제를 탐구한다. 그의 여정의 독특함에도 불구하고 그는 보편적인 정서를 경험하고 시청자들에게 삶의 본질은 우리가 만드는 의미 있는 관계와 우리가 만드는 추억에서 발견된다는 것을 상기시켜 준다.

해설

④ 문법 포인트 명사절 접속사의 선택 remind의 목적어인 명사절로 what절이 왔는데 what 이후의 절이 완전하므로 what이 올 수 없다. 따라서 what을 that으로 고쳐야 한다. (what → that)
① 문법 포인트 관계대명사의 선택 / 주어 – 동사 수 일치 관계대명사 who의 선행사는 a man이므로 who가 바르게 쓰였고 선행사가 3인칭 단수이므로 단수형 동사 ages도 바르게 쓰였다.
② 문법 포인트 분사구문 challenging은 분사구문으로 주어인 The Curious

Case of Benjamin Button이 시간과 삶의 전통적인 인식에 도전한다는 능동의 의미이며 뒤에 목적어가 있으므로 현재분사형으로 바르게 쓰였다.
③ **문법 포인트** 부사절 접속사의 선택 Despite는 전치사이므로 뒤에 명사구가 목적어로 바르게 쓰였다.

정답 ④

06

어휘

It depends. 상황에 따라 다르다.   It's a sweet idea. 그거 좋은 생각이다.
work 효과가 있다

해석

A: 이봐 누군가에게 꽃을 사주는 것을 어떻게 생각해?
B: 글쎄, 상황에 따라 다르지.
A: 내 말은 젊은 여성을 위해서 말이야.
B: 그거 좋은 생각인데! 그 운이 좋은 여성이 누군지 물어봐도 돼?
A: 놀라지는 마. Susan이야.
B: 그녀는 꽃에 알레르기가 있어서 아마 효과가 없을 거야.
A: 이런, 아마도 초콜릿이나 책 같은 다른 선물을 주어야겠군.

① 꽃은 여성들에게 언제나 최고의 선물이지
② 그녀가 어떤 종류의 선물을 기대하는지 모르겠어
③ 네가 원하면 그녀가 그것들을 좋아하는지 물어볼 수 있어

정답 ④

07

어휘

spill 쏟다   reprint 다시 프린트하다   jam 종이가 걸리다
Like what? 예를 들면?   conference room 회의실   head 가다
contact 연락하다   maintenance 유지보수   solution 해법

해석

Emily Hopkins: 정말 미안한데 네 보고서에 커피를 쏟았어.
Alex Carter: 아 안돼! 그건 오늘 회의에 쓸 최종본이었는데.
Emily Hopkins: 나도 알아. 다시 프린트하려고 했는데, 프린터에 종이가 걸려.
Alex Carter: 종이 제거를 해 봤어?
Emily Hopkins: 했는데, 여전히 프린트가 안 돼.
Alex Carter: 회의 시작 10분 전인데. 다른 해법을 빨리 찾아보자.
Emily Hopkins: 예를 들면?
Alex Carter: 아마 위층 회의실에 있는 프린터를 사용할 수 있을 거야.
Emily Hopkins: 좋은 생각이야. 당장 거기로 갈게.

① 유지보수팀에 연락해 볼게
③ Dean에게 그가 그것을 고칠 수 있는지 물어볼게
④ 옆 사무실에서 프린트할 수 있을지도 몰라

정답 ②

[08-09]

어휘

constantly 끊임없이   boundary 한계   innovative 혁신적인
simplify 간소화하다   enhance 향상시키다   strive 힘쓰다
anticipate 예상하다   home experience 가정생활
thrill 가슴 설레게 하다   launch 출시하다   cutting-edge 최첨단의

companion 동반자   assistant 조력자   seamlessly 매끄럽게
integrate 통합하다   voice recognition 음성인식
personalized 개인화된   automation 자동화   adapt 적응하다
manage 다루다   lighting 조명   security 보안   effortlessly 쉽게
elevate 향상시키다   stay tuned 기대하세요   exclusive 독점의
preview 시연회   can't wait to ~하기를 정말 기대하다
transform 변형시키다   recent 최근의   custom-built 주문 제작한
user-friendly 조작하기 쉬운   old-fashioned 구식의
state-of-the-art 최신식의

해석

수신: 소중한 고객님
발신: Jason Rivera
날짜: 12월 20일
제목: 중요한 업데이트

소중한 고객님께,

TechInnovate Solutions에서는 우리는 고객님께 일상을 간소화하고 향상시킬 혁신적인 해법을 가져다드리기 위해 끊임없이 기술의 한계를 밀어붙이고 있습니다. 우리는 고객님의 요구를 맞출 뿐 아니라 예상하는 제품을 만들기는 위해 더 스마트하고 효율적인 가정 생활을 제공하려고 힘쓰고 있습니다.

이것을 염두에 두고, 우리는 우리의 최신 최첨단 제품 ― 인공지능 가정의 동반자 2.0 ― 을 출시하게 되어 가슴이 설레입니다. 이 고급 스마트 가정 조력자는 고객님의 기기들을 매끄럽게 통합하며, 고객님의 생활방식에 적응하는 음성인식과 개인화된 자동화 루틴이 특징입니다. 고객님의 가정생활을 향상시키도록 만들어진 시스템과 함께 조명, 에너지, 보안을 쉽게 다뤄 보세요.

더 많은 소식, 독점 시연회, 특별한 가격 등을 기대해주세요. 우리는 당신의 스마트한 가정생활을 변화시키는 것을 정말 기대하고 있습니다.

안부를 전해드리며,
Jason Rivera
제품 매니저
TechInnovate Solutions

08

① 혁신적인 제품을 소개하기 위해
② 최근의 제품에 대한 피드백을 요청하기 위해
③ 기기 사용 방법을 설명하기 위해
④ 고객지원 서비스를 제공하기 위해

해설

08

두 번째 문단 첫 번째 문장에서 새로운 최신 제품을 출시하게 되어 가슴이 설렌다고 했으므로 글의 목적으로 가장 적절한 것은 ① '혁신적인 제품을 소개하기 위해'이다.

정답 08 ① 09 ④

[10~11]

concerned 관심이 있는　**preserve** 보존하다　**recovery** 회복
deforestation 삼림벌채　**preservation** 보존　**impact** 영향을 주다
legacy 유산　**location** 장소　**refreshments** (pl.) 다과
make a difference 변화를 가져오다　**sponsor** 후원하다
gather 모으다

(A) Aspen 숲의 미래를 위한 마음 모으기

관심 있는 지역사회의 일원으로서, 당신은 Aspen 숲의 보존을 위해 어떤 조치를 취해야 할지를 알고 싶으실 것입니다. 아직 회복 불가능한 단계까지는 아니지만 숲은 지속적인 삼림벌채로 심각한 위협 아래 놓여있습니다.

Aspen 보호위원회는 Aspen 숲의 미래에 대한 중요한 논의에 우리와 함께 참여하도록 모든 지역사회 구성원들을 초대합니다. Aspen 숲의 보존은 우리 지역사회의 삶의 질과 우리가 다음 세대를 위해 남겨놓은 유산에 직접적인 영향을 줍니다.

회의 세부 사항
• 날짜: 8월 10일 토요일
• 시간: 오후 3시
• 장소: Aspen 주민센터 야외 행사장

추가 정보
• 가벼운 다과가 제공될 예정입니다.
• 가족 단위의 참석이 권장되며, 어린이들도 환영합니다.

만일 회의에 대한 어떠한 질문이라도 있으시면 아래를 통해 우리에게 연락해 주세요:
• 웹사이트: www.aspenpreserve.org
• 전화: (123) 456-7890

당신의 참여가 Aspen 숲의 미래를 보장하는 데 매우 중요합니다. 함께라면 변화를 가져올 수 있습니다.

Aspen 보존 위원회가 후원합니다.

10
② 더 나은 미래를 위한 Aspen 숲의 청소하기
③ Aspen 숲의 역사적인 가치
④ Aspen 숲 가까이에 사는 것의 이점

10
첫 번째 문단의 첫 번째 문장에서 숲의 보존을 이야기하고 있고 두 번째 문단의 첫 번째 문장에서 Aspen 숲의 미래에 대한 중요한 논의를 한다고 모두 참여하라고 했으므로 제목으로 가장 적절한 것은 ① 'Aspen 숲의 미래를 위한 마음 모으기' 이다.

11
① 첫 문단의 두 번째 문장에서 아직 회복 불가능한 단계는 아니라고 했으므로 글의 내용과 일치하지 않는다.
② 두 번째 문단의 두 번째 문장에서 숲의 보존은 우리 공동체의 삶의 질에 직접적인 영향을 준다고 했으므로 글의 내용과 일치한다.
③ <추가 정보>의 첫 번째 항목에서 가벼운 다과가 제공될 예정이라고 했으므로 글의 내용과 일치한다.
④ <추가 정보>의 두 번째 항목에서 가족 단위의 참석이 권장되며, 어린이들도 환영한다고 했으므로 글의 내용과 일치한다.

정답 10 ① 11 ①

12

protect 보호하다　**design** 만들다　**ensure** 보장하다　**privacy** 사생활
security 보안　**notable** 주목할 만한　**feature** 특징
multifactor 다중의　**authentication** 인증　**extra** 추가의　**layer** 층
protection 보호　**require** 요구하다　**verify** 증명하다　**identity** 신원
multiple 여럿의　**step** 단계　**keep** 보호하다
personal data 개인정보　**potential** 잠재적인　**regular** 정기적인
stay ahead of ~보다 앞서다　**maintain** 유지하다
confidence 신뢰　**enhanced** 향상된　**apply** 적용되다
periodically 정기적으로

온라인 활동을 보호하기 위해 새로운 SecureID 시스템을 사용해 보세요.
새로운 SecureID 시스템은 당신의 온라인 사생활과 보안을 보장하기 위해 만들어졌습니다. SecureID의 한 가지 주목할 만한 특징은 다중 인증으로 여러 단계를 통해 이용자에게 자신의 신원 증명을 요구하는 것으로 보호층을 더했습니다. 이 시스템은 이용자의 개인정보를 잠재적인 위협으로부터 보호하기 위한 지속적인 노력의 일부입니다. SecureID는 또한 정기적인 보안 업데이트가 포함될 것이며, 이는 새로운 위험에 앞서 나가며 이용자 신뢰를 유지하는 것을 목표로 합니다. SecureID의 이용을 시작하려면 단순히 당신의 모바일 기기의 애플리케이션 상점에서 앱을 다운로드하면 됩니다. 추가적으로 SecureID는 모바일 기기보다 컴퓨터에서 작업하는 것을 선호하는 이용자들을 위해 컴퓨터 버전을 제공합니다.

① 향상된 보안을 위해 다중 인증을 제공한다.
② 정기적으로 보안 업데이트가 적용될 것이다.
③ 공식 웹사이트에서 앱을 다운받음으로써 이용이 가능하다.
④ 이용자들은 SecureID를 컴퓨터와 모바일 기기 모두에서 이용할 수 있다.

해설
③ 다섯 번째 문장에서 앱을 애플리케이션 상점에서 다운로드할 수 있다고 했지만 공식 웹사이트에 대한 언급은 없으므로 글의 내용과 일치하지 않는다.
① 두 번째 문장에서 주목할 만한 특징은 추가적인 보호층을 더한 다중 인증이라고 했으므로 글의 내용과 일치한다.
② 네 번째 문장에서 정기적인 보안 업데이트가 포함될 것이라고 했으므로 글의 내용과 일치한다.
④ 다섯 번째 문장에서 모바일 기기에서 다운받는 앱이 있다고 말한 뒤, 여섯 번째 문장에서 컴퓨터 버전도 제공한다고 했으므로 글의 내용과 일치한다.

정답 ③

13

어휘
international 국제의　renewable 재생 가능한　agency 기구
intergovernmental 정부 간의　organization 기구
promote 촉진하다　adoption 채택　sustainable 지속 가능한
mission 사명　enhance 강화하다　security 보안
stimulate 촉진하다　responsibility 책무　advocate 옹호하다
assistance 지원　collect 수집하다　analyze 분석하다　trend 동향
transition 전환　aim 목표로 하다　resilient 회복력 있는
accelerate 촉진하다　implementation 실행　primary 주된
conventional 전통적인　various 다양한　reduce 줄이다
reliance 의존

해석
국제 재생 에너지 기구

국제 재생 에너지 기구(IRENA)는 전 세계적으로 재생 에너지의 채택과 지속 가능한 사용을 촉진하는 정부 간 기구이다. IRENA의 사명은 재생 에너지 개발을 통해 에너지 안보를 강화하고, 환경을 보호하며, 경제 성장을 촉진하는 것이다. IRENA의 주요 책무에는 재생 에너지 기술을 옹호하고, 다른 국가들에게 기술 지원을 제공하며, 재생 에너지 동향에 대한 데이터를 수집하고 분석하는 것이 포함된다. IRENA는 국가들이 재생 에너지로 전환하는 것을 지원함으로써, 모든 이들에게 보다 지속 가능하고 회복력 있는 에너지 미래를 창출하는 것을 목표로 한다.

① 재생 에너지원의 국제적인 실행을 촉진한다.
② 전통적인 에너지원 개발에 주된 중점을 둔다.
③ 전 세계의 여러 국가들로부터 기술 지원을 받는다.
④ 국가들이 재생 에너지에 대한 의존을 줄이는 것을 지원한다.

해설
① 첫 번째 문장에서 전 세계적으로 재생 에너지의 채택과 지속 가능한 사용을 촉진한다고 했으므로 글의 내용과 일치한다.
② 첫 번째 문장부터 계속하여 재생 에너지를 개발하고 재생 에너지 기술을 옹호하는 기구라고 설명하고 전통적인 에너지원의 개발에 대해서는 언급되지 않았으므로 글의 내용과 일치하지 않는다.
③ 세 번째 문장에서 주요 책무 중에 다른 국가들에게 기술 지원을 제공하는 것이 포함된다고 했을 뿐, 기술 지원을 받는다고 하지는 않았으므로 글의 내용과 일치하지 않는다.
④ 마지막 문장에서 국가들이 재생 에너지로 전환하는 것을 지원한다고 했는데 이는 재생 에너지에 대한 의존을 줄이는 것과는 반대되는 내용이므로 글의 내용과 일치하지 않는다.

정답 ①

14

어휘
have a reputation for ~라는 평판을 가지고 있다　effective 효과적인
consistently 지속적으로　suffer for ~ 때문에 고민하다
contribute 기여하다　credit 공로　opportunity 기회　flow 흐름
work 효과가 있다　spark 불러일으키다
put into practice ~을 실행하다　innovative 혁신적인
generate 생성하다　faithfulness 충실함　basic 기본
concentrate 집중하다

해설
좋은 회사는 직원들의 말을 듣는다는 평판을 가지고 있다. <Restaurants and Institutions> 잡지에 따르면, Chili's, On the Border, Romano's Macaroni Grill 및 다른 식당 체인점의 소유주인 Brinker International은 전국에서 가장 잘 운영되는 음식 서비스 체인점 중 하나이다. 식당의 메뉴 품목 중 거의 80%가 매장 관리자들이 낸 제안에서 나왔다. 효과적인 기업에 좋은 것은 개인에게도 좋다. 다른 사람의 말을 지속적으로 들으면, 당신은 결코 아이디어 때문에 고민하지 않는다. 사람들은 기여하기를 좋아하는데, 특히 리더가 그들과 공로를 나눌 때 그렇다. 만약 당신이 사람들에게 자기 생각을 공유할 기회를 주고, 열린 마음으로 듣는다면, 새로운 아이디어의 흐름은 계속 이어질 것이다. 그리고 비록 당신이 효과가 없는 아이디어를 듣더라도, 그 아이디어를 듣는 것만으로도 당신과 다른 사람들에게 다른 창의적인 생각을 종종 불러일으킬 수 있다. 기꺼이 들으려고 하지 않는다면, 당신은 백만 달러짜리 아이디어에 얼마나 근접했는지 결코 알지 못할 것이다.

① 아이디어를 실행하는 것의 중요성
② 잘 들어줌으로써 생성되는 혁신적인 아이디어
③ 성공의 비결로서 기본에 충실하기
④ 당신이 잘하는 것에 집중해야 하는 이유

해설
첫 문장에서 글의 중심 소재인 '듣기' 혹은 '경청'을 제시하고 기업의 사례를 통해 이를 뒷받침한 후, 주제문인 다섯 번째 문장에서 잘 경청하면 아이디어로 고민하지 않는다고 주장한다. 이후 그에 대해 부연 설명하며 남에게 기회를 주고 이야기를 잘 들어주면 좋은 아이디어를 얻을 수 있다고 이야기한다. 따라서 글의 주제로 가장 적절한 것은 ② '잘 들어줌으로써 생성되는 혁신적인 아이디어'이다.

정답 ②

15

어휘
faith 믿음　religious 종교의　adherent 신자
pay homage to ~에 경의를 표하다　sacred 성스러운
visible 눈에 보이는　empirical 실증적인　unearthly 초자연적인
claim 주장　tangible 분명히 실재하는　athlete 운동선수
verification 검증　validity 타당성　observe 관찰하다
phenomenon (pl. phenomena) 현상　prevail 승리하다
verify 입증하다　existence 존재　entity 존재
unverifiable 입증할 수 없는　a leap of faith 맹신　spiritual 영적인
mentally 정신적으로　enthusiastic 열광적인　decline 쇠퇴하다
recently 최근에

해석
비록 스포츠 팬들이 자신들의 팀에 대한 '믿음'을 표현하지만, 이것은 종교적 믿음과 같은 것은 아니다. 종교 신자들은 눈에 보이지 않고 그들의 초자연적인 주장에 대한 실증적 증거를 보여줄 수 없는 사람들에 의해 고취되는 '성스러운' 세계에 경의를 표한다. 반면에 스포츠는 눈에 보이고 분명히 실재한다. 스포츠 팬과 운동선수들은 그들의 눈앞에 있는 현상을 단지 관찰하는 것 외에 스포츠의 타당성에 대한 다른 검증을 필요로 하지 않는다. 스포츠 팬들은 자기 팀이나 가장 좋아하는 선수가 승리할 것이라는 '믿음'을 반드시 가져야 하지만, 그런 믿음이 그것의 존재를 입증하기 위해 꼭 필요하지는 않다. 종교 신자들은 보이지 않고 증명할 수 없는 존재에 대한 믿음을 가지라는 말을 듣는다. 종교적 믿음은 맹신에 근거하고 있다. 스포츠 팬들은 분명히 실재하는 기록을 간직하고 다가올 세계보다는 '현재의' 세계에서의 승리를 희망한다.

① 스포츠는 실재적이지만 종교는 영적이다.
② 스포츠 팬과 종교 신자들은 모두 정신적으로 건강하다.
③ 스포츠는 종교와 같은 열광적인 믿음을 가지고 있다.
④ 최근에, 종교적 믿음이 쇠퇴해 왔다.

해설

글의 중심 소재는 스포츠와 종교의 차이이고 첫 문장에서 둘에 대한 믿음이 서로 다르다는 대전제를 제시한다. 두 번째와 세 번째 문장이 주제문으로 종교는 보이지 않는 것을 믿는 데 비해 스포츠는 실재적인 존재를 믿는다는 차이가 있다고 주장한다. 이후 둘의 차이에 대해 좀 더 자세히 부연 설명한다. 따라서 글의 요지로 가장 적절한 것은 ① '스포츠는 실재적이지만 종교는 영적이다.'이다.

정답 ①

16

어휘

in person 직접   significant 상당한   consequently 결과적으로
huge 막대한   impact 영향   catch on 유행하다
word of mouth 입소문   result in ~ 결과를 낳다   approximately 약
prescribe 처방하다   effective 효과적인   theory 이론
obese 비만의   advertising 광고   common 평범한

해석

다른 사람들이 우리에게 직접, 그리고 이메일과 문자로 말하는 것은 우리가 생각하고 읽고 구매하며 행하는 것에 상당한 영향을 미친다. 결과적으로, 사회적 영향은 제품, 아이디어, 그리고 행동이 유행하느냐에 막대한 영향을 준다. 한 새로운 고객의 입소문은 음식점 매출이 거의 200달러 증가하는 결과를 낳는다. ① 아마존닷컴에서 별 다섯 개짜리 후기는 별 한 개짜리 후기보다 약 20권 더 많은 책이 판매되는 것으로 이어진다. ② 의사들은 자신이 알고 있는 다른 의사들이 새로운 약을 처방하면 그것을 처방할 가능성이 더 크다. ③ 우리는 사용하기 더 쉬운 웹사이트, 더 효과적인 약, 그리고 거짓이 아니라 진실한 과학 이론을 선호하는 경향이 있다. ④ 사람들은 자기 친구가 금연을 한다면 금연하고, 친구가 비만이 되면 더 살찔 가능성이 더 크다. 사실, 전통적인 광고가 여전히 유용하지만, 평범한 사람들이 내는 입소문은 최소한 열 배 더 효과적이다.

해설

글의 중심 소재는 사회적 영향이고 주제문은 첫 번째 문장으로 사회적 영향이 우리의 생각과 행동에 커다란 영향을 미친다고 주장한 뒤, 몇 가지 구체적인 예시를 통해 주장을 보강한다. ①은 아마존닷컴의 별 다섯 개짜리 후기, ②는 동료 의사들이 사용하는 신약, ④는 친구의 금연이나 비만을 사회적 영향으로 제시하며 우리가 거기에 크게 영향을 받는다고 설명한다. 이에 비해 ③은 사회적 영향과 관련이 없는 내용으로 과학 이론을 선호한다고 하였으므로 글의 흐름에 맞지 않다.

정답 ③

17

어휘

puberty 사춘기   have nothing to do with ~와 관계가 없다
maturity 성숙함   demographic 인구 통계학의   consumption 소비
consistent 일관된

해석

십 대는 13세에서 19세까지이며 대학에 가려고 하는 사람이다. 성인은 사춘기를 끝마치고 자신의 청구서를 직접 지불하는(경제적으로 자립한) 사람이다. 그 차이는 성숙도와는 관계가 없다. 성인이 한 십 대와 다른 십 대를 구별할 수 없는 이유는 여기에 있다. (①) 다른 인구 통계적인 집단과 달리, 십 대는 그들보다 다른 나이 그룹보다 또래에게서 훨씬 더 많은 영향을 받는다. (②) 이 연령대에는 또래 영향이 매우 강해서 십 대의 소비 습관은 심지어 문화권 전반에 걸쳐 일관된다. (③) 이것은 십 대들이 미국, 한국, 영국, 혹은 프랑스 중 어디 출신이든 거의 똑같은 옷, 게임, 음악, 음식, 오락, 그리고 자신들이 생각할 수 있는 다른 어떤 것이든 산다는 것을 의미한다. 반면에 성인은 또래 집단 내 사람들만큼 그 외부에 있는 사람들에게서 영향을 받을 가능성이 있다. (④) 성인은 동료, 부모, 아이들, 또는 겉으로 보기에 좋은 어떤 충고를 하는 다른 어떤 사람에게서든 영향을 받는다.

해설

글의 중심 소재는 십 대의 또래 집단 영향력이다. 주어진 문장은 This means로 앞에 언급했던 말을 다시 한번 설명해주는 역할을 한다. 의복, 게임, 음악, 음식 등을 예로 들어 또래의 영향이 국가나 문화를 뛰어넘어 일관된다는 설명이므로 글 앞에 이와 유사한 또래 영향력에 대한 언급이 올 것을 예상할 수 있다. 주어진 글 ③의 앞에서 십 대의 소비 습관은 심지어 문화권 전역에 걸쳐 일관된다고 하므로 주어진 글은 이 말을 다시 한번 설명해준 말로 볼 수 있다. 또한 ③의 뒤부터는 십 대와 구분되는 성인의 특성이 언급되므로 주어진 글이 들어갈 위치는 ③이다.

정답 ③

18

어휘

theory 학설   tadpole 올챙이   hold 유지되다   attempt 시도
auditory 청각적인   response 반응   sensitivity 민감성
indicate 보여주다   low-frequency 저주파의   shallow 얕은
higher-frequency 고주파의   inability 무능력
localize 위치를 파악하다   gauze 거즈   airborne 공기로 운반되는
case 사건   close 종결하다   establish 확립하다   expectation 기대

해설

올챙이가 거의 듣지 못한다는 학설은 누군가 그것을 검사조차 하지 않은 채 약 40년간 유지되었다. 올챙이 뇌의 청각 반응을 기록하려고 한 최초의 시도는 올챙이가 예상대로 청각 민감성이 약하다는 것을 보여주었다. (C) 그 사건은 종결된 것처럼 보일 것이다. 그러나 과학적인 사실을 확립하기보다, 이 연구는 과학자들이 기본적인 사실을 검사하기보다 기대에 근거해 연구할 때 직면하는 문제 중 하나를 부각시켰다. (B) 사실, 그들이 기록한 올챙이들은 물 밖의 판 위에서 젖은 거즈에 싸여 있었으며 공기로 운반된 소리가 그것들에게 틀어졌다. 여러분의 머리가 욕조의 물속에 담겨있을 때 개구리 과학자가 여러분의 청력을 검사하려 한다고 상상해 보라. (A) 그 결과는 여러분이 매우 청력이 나빠서, (얕은 물이 고주파 음을 걸러주는 필터로 작용하여 올챙이는 물속에서 고주파음을 들을 수 없으므로) 저주파 음에 거의 반응하지 않으며 소리가 들려오는 위치를 파악하는 데는 완전히 무능하다는 것을 보여줄 것이다. 개구리 과학자에게, 여러분은 분명히 귀가 들리지 않는다.

해설

주어진 글은 올챙이가 들을 수 없다는 오래된 학설을 소개하고 그것을 보여준 실험이 있었다고 설명한다. (C)에서 주어진 문장의 실험 내용을 the case로 받아서 그것이 종결된 것으로 보인다고 말한 다음, 그 실험이 실제로는 잘못되었다는 반론을 제기한다. In fact로 시작하는 (B)에서는 (C)에서 제기되었던 반론을 구체적으로 설명하며 기존 실험의 오류를 보여주기 위한 예시로 올챙이 실험을 제시하고 이해를 돕기 위해 우리의 머리가 욕조에 담긴 채 진행되는 청력 실험이라 가정해 본다. 뒤이어 (A)에서 The result로 이 실험의 결과를 설명하며 글을 마무리하는 것이 자연스럽다. 따라서 정답은 ④ (C) - (B) - (A)이다.

정답 ④

19

어휘

species 종　honeypot ant 꿀단지개미　sole 유일한
upside down 거꾸로　motionless 움직이지 않는
sugared water 설탕물　tap ~의 액을 받다　brood (동물의) 한 배 새끼
class 계층　gigantic 거대한　block 막다　entrance 입구
intruder 침입자　leafcutter ant 가위 개미　display 보여주다
hundredfold 100배　fungus 곰팡이류　ferocious 사나운
tend to ~을 돌보다　effectively 사실상　make sense 말이 되다
survival 생존　measure 측정하다　production 생산
offspring 자손　ecological 생태학적인　pressure 압박
permanent 영구적인　nest 둥지　divide 나누다
behaviorally 행동적으로　specialized 전문화된

해석

다윈은 많은 개미 종들이 행동적으로 전문화된 계층으로 나뉘어 있었다는 것을 알고 있었다. 미국 사막의 꿀단지개미는 여왕개미와 그것의 새끼가 목이 마를 때 액을 받을 수 있도록 설탕물이 담긴 커다란 단지처럼 거꾸로 매달린 채 움직이지 않는 것이 유일한 임무인 일꾼개미들을 가지고 있다. 같은 종의 다른 계층 구성원들은 침입자들에 앞서 둥지 입구를 막는 거대한 머리를 가지고 있다. 남아메리카의 가위개미들은 작은 조용한 곰팡이류 정원사부터 거대한 사나운 병사들에 이르기까지 무게가 300배까지 다른 사회 계층을 보여준다. 개미 세계에서 어떤 개미은 여왕개미를, 다른 개미들은 둥지를, 다른 개미들은 먹이를, 그리고 다른 개미들은 전투를 돌본다 — 각각 자기의 계층 그리고 각각 자기의 운명에 맞게. 다윈이 놀랍다고 생각한 것은 여왕개미와 몇몇 운 좋은 수컷들 외에, 나머지 개미들은 모두 사실상 중성형 곤충이라는 점이었다. 생존을 위한 싸움에서 성공이 자손의 생산으로 측정되었다면 이것은 말이 되지 않았다.

① 여왕개미로부터 독립되어 있지 않았다
② 생태학적 압박으로 생기게 되었다
③ 영구적인 장소나 둥지를 갖지 않았다

해설

첫 번째 문장에 빈칸이 있으므로 주제문을 완성하는 문제이다. 첫 번째 문장 이후에 꿀단지개미 종과 가위개미 종을 이루는 각각의 계층과 그 역할에 관해 설명하며 모두 각자의 계층과 운명에 맞는 역할을 한다고 이야기한다. 다시 말해, 개미들 각자가 전문적으로 담당하는 임무, 즉 행동에 따라 계층이 구분되어 있다는 내용이다. 따라서 정답은 ④ '행동적으로 전문화된 계층으로 나뉘어 있었다'이다. ①, ②, ③은 본문에 언급되지 않은 내용이므로 모두 답이 될 수 없다.

정답 ④

20

어휘

intrinsically 본질적으로　valuable 가치 있는　perform 수행하다
achieve 달성하다　sleep-deprived 수면 부족의
undergraduate 학부생　tangible 유형의　accordingly 이에 따라
moral 도덕적인　accompany 동반하다　regard 고려
cost-benefit 비용편익　calculation 계산　built-in 내재적인
lack 결여　determine 결정하다　mankind 인간　utility 유용성
duty 의무　external 외적인　goal 목표　steady 꾸준한
active 적극적인　supervision 감독

해석

본질적으로 가치 있는 활동에서, 우리의 관심은 결과가 아니라 활동 자체에 집중된다. 비록 그러한 활동이 결과를 맺기는 하지만, 그 결과를 달성하기 위해 그것이 수행되는 것은 아니다; 오히려, 그것의 가치는 활동 자체에 있다. 책을 읽는 것은 본질적으로 가치 있는 활동의 한 사례이다. 우리가 수면 부족인 학부생이 아니라면, 우리는 (과정을 수료하는 것과 같이) 특정한 유형의 보상을 받기 때문이 아니라, 그렇게 하는 것을 가치 있다고 생각하기 때문에 책을 읽는다; 이에 따라, 우리는 읽기를 가능한 한 빨리 마치려 애쓰지도 않는다. 비용편익 계산을 고려하지 않은 — 다른 사람들을 돕는 즐거움이 동반되는 도덕적인 활동은 본질적으로 가치 있는 활동의 또 하나의 사례이다. 그러한 활동들은 내재적인 보상 시스템이 있다. 외적인 목표의 결여에도 불구하고, 그것들은 우리 삶의 질을 주로 결정한다. 로마의 시인 오비디우스가 말했듯, "어떤 것도 유용성이 전혀 없는 그러한 예술보다 인간에게 더욱 유용하지는 않다."

① 도덕적인 의무
③ 꾸준한 활동
④ 적극적인 감독

해설

글의 중심 소재는 본질적으로 가치 있는 활동이고 주제문은 첫 번째 문장으로, 우리가 집중하는 것은 결과가 아니라 활동 자체라고 주장한다. 즉, 내재적으로 가치 있는 활동은 외부 목표나 보상을 추구하는 것이 아니라, 활동 자체에 의미와 가치를 두고 있다는 점을 강조한다. 마지막 문장을 이 주제와 일맥상통하도록 완성하려면 빈칸에는 결과 및 유형의 보상과 비슷한 의미를 가진 표현이 들어가야 한다. 따라서 정답은 ② '외적인 목표'이다.

정답 ②

제2회 실전동형 모의고사 Vol.2

01	③	02	②	03	④	04	③	05	④
06	①	07	②	08	②	09	①	10	④
11	③	12	①	13	①	14	②	15	①
16	③	17	③	18	③	19	②	20	④

01

어휘

diplomatic 외교의   describe 묘사하다   fragile 취약한
alliance 동맹   complicate 복잡하게 하다   international 국제적인
negotiation 협상   secure 안전한   robust 튼튼한
precarious 불안정한   consistent 한결같은

해석

'취약한 동맹'이라고 종종 묘사되는 최근의 불안정한 외교 관계들은 국제적인 협상을 복잡하게 했다.

정답 ③

02

어휘

desert 사막   extreme 극심한   conditions (pl.) 환경
scarce 부족한   adaptation 적응   root 뿌리   absorb 흡수하다
underground 지하의   waxy 왁스로 된   surface 표면
minimize 최소화하다   moisture 수분   loss 손실
reinforce 강화하다   tolerate 견디다   associate 연관시키다
trigger 유발하다

해석

많은 사막 식물은 비록 물이 부족하지만 지하수를 흡수하는 깊은 뿌리와 수분 손실을 최소화하는 왁스로 된 표면 같은 적응 덕에 극심한 열 환경을 견딜 수 있다.

정답 ②

03

어휘

employee 직원   responsibility 책임   unexpected 예상치 못한
delay 지연

해석

지난주부터 예상치 못한 프로젝트 지연에 관해 매니저도 직원들도 모두 책임을 지지 않았다.

해설

 주어 – 동사 수 일치 / 완료시제 「Neither A nor B」는 B에 수를 일치시키므로 복수 명사(the employees)에 맞추어 복수 동사를 써야 한다. 또한 같은 절 내에 since last week라는 부사구가 있으므로 현재완료로 써야 한다. 따라서 정답은 ④ have taken이다.

정답 ④

04

어휘

poem 시   interpret 해석하다   celebration 찬양
individualism 개인주의   ironic 풍자적인   commentary 논평
tendency 경향   overanalyze 지나치게 분석하다   regret 후회하다
decision 결정   inspire 영감을 주다   profoundly 깊게   layer 층
in general 일반적으로   imagery 이미지   diverging 갈라진
path 길   represent 나타내다   face 마주하다

해석

로버트 프로스트의 유명한 시 <가지 않은 길>은 개인주의에 대한 찬양이 아니라 결정을 지나치게 분석하고 후회하는 경향에 대한 풍자적인 논평으로 해석될 수 있다. 이 시에 영감을 준 친구인 에드워드 토마스는 자신이 내린 결정을 종종 후회했다. 시간이 역사 속으로 깊어질수록 이 시에 담긴 의미의 층이 깊어졌다. 그러나 일반적으로 갈라진 길의 이미지는 우리 모두가 삶에서 마주하는 선택들을 나타낸다.

해설

③ 문법 포인트 형용사 vs. 부사 / 불완전자동사의 보어 「The 비교급 S′+V′, the 비교급 S+V」 (S′가 V′ 하면 할수록, S는 더욱 V하다)구문이다. profoundly가 became의 보어가 되어야 하므로 부사가 올 수 없고 형용사로 써야 한다. 따라서 the more profound로 고쳐야 바르다. (the more profoundly → the more profound)

① 문법 포인트 등위접속사의 병렬 구조 등위상관접속사 「not A but B」의 구문으로 앞의 as a celebration of individualism이 A에 해당하므로 B 또한 동일한 문법적 특성을 가진 「as + 관사 + 명사구」의 형태가 병렬 구조를 이루며 바르게 쓰였다.

② 문법 포인트 완료시제 문맥상 결정을 내린(had made) 일이 후회한(regretted) 일보다 더 앞선 시제이므로 과거완료 시제가 바르게 쓰였다.

④ 문법 포인트 주어 – 동사 수 일치 주어인 the imagery가 of 전치사구의 수식을 받고 있는 형태이므로 the imagery에 수를 일치시켜야 한다. 따라서 동사의 단수형이 바르게 쓰였다.

정답 ③

05

어휘

essential 필수적인   journey 여정   endless 무한한
explore 탐구하다   interest 관심사   haven 안식처   reflection 사색
growth 성장   primarily 주로   orient 지향하게 하다
constant 끊임없는   busyness 바쁨   communal 공동의
immerse oneself in ~에 몰두하다   knowledge 지식
curiosity 호기심

해석

도서관은 아주 어린 시절부터 우리의 학습과 상상력의 여정에 오랫동안 필수적이었다. 도서관은 우리의 관심사를 탐구할 수 있는 무한한 가능성을 제공하는 공간의 역할을 하는 동시에 고요한 사색과 성장을 위한 안식처를 제공한다. 주로 끊임없는 바쁨을 지향하는 세상에서 도서관은 젊은이와 노인 모두가 지식에 몰두하며 그들의 호기심을 공유하는 사람들과 연결될 수 있는 공동의 공간이다.

해설

④ 문법 포인트 관계부사 앞에 the communal spaces라는 장소를 나타내는 선행사가 있고, 뒤에는 완전한 절이 왔으므로 관계대명사 which를 관계부사 where 또는 in which로 고쳐야 한다. (which → where/in which)

① 문법 포인트 완료시제 since early childhood라는 부사구가 있으므로 아

주 어린 시절부터 지금까지 계속되었다는 의미로 현재완료 시제가 바르게 쓰였다.
② **문법 포인트** to부정사의 역할 to부정사가 앞의 명사구 endless possibilities를 수식하는 형용사적 용법으로 바르게 쓰였다.
③ **문법 포인트** 분사구문 접속사를 생략하지 않은 분사구문이다. 밑줄 뒤에 a haven이라는 목적어가 있고, 의미상의 주어 They와 provide의 관계가 능동이므로 현재분사로 바르게 쓰였다.

정답 ④

06

어휘
introduce 도입하다　code 규정　formal 격식을 차린
jeans (pl.) 청바지　sneakers (pl.) 운동화　suit 정장
That's a relief. 다행이다.　turn upside down 완전히 뒤엎다
wardrobe 옷장　dress shoes 정장 구두　dress up 차려입다
launch 출시하다

해석
A: 회사에서 새로운 복장 규정을 도입한다는 얘기를 들었어.
B: 정말? 어떤 변화를 줄 거래?
A: 조금 더 격식을 차리는 방향으로 간대. 이제 청바지나 운동화는 안 된대.
B: 아, 그럼 매일 정장을 입어야 하는 거야?
A: 그냥 슬랙스랑 정장 구두면 괜찮대.
B: 다행이다. 내 옷장을 완전히 뒤엎을 준비는 안 됐거든.
A: 나도 정장은 좀 과하다는 생각이 들었는데, 그 정도면 괜찮은 것 같아.
② 넌 월요일부터 금요일까지 차려입어야 해
③ 회사는 남성 정장 브랜드를 출시할 계획이야
④ 회사가 우리가 입을 수 있는 선택지를 줄이고 있어

정답 ①

07

어휘
break room 휴게실　seat 자리　exit 출구
replace (낡은 것·손상된 것 등을) 바꾸다

해석
Sarah Lee: 휴게실 근처에서 네 물건을 찾았어.
John Park: 작은 로고가 있는 검정 자켓이야?
Sarah Lee: 아, 맞아! 방금 네 책상에 두었어.
John Park: 고마워… 근데 내 책상에서 그걸 찾을 수가 없어.
Sarah Lee: 네 책상 Billy 옆 아니야?
John Park: 내 자리를 출구 앞쪽으로 옮겼어.
Sarah Lee: 아! 그럼 내가 엉뚱한 곳에 뒀다는 거구나.
① 내 자켓이 아니라 다른 사람 게 분명해
③ 네가 그걸 휴게실에 둔 게 틀림없어
④ 난 지난주에 오래된 책상을 새 책상으로 바꿨어

정답 ②

[08-09]

어휘
policy 정책　permit 허용하다　security 보안　enforce 시행하다
strict 엄격한　measure (길이, 높이, 폭 등이) ~이다
be subject to ~의 대상이다　entrance 입구　accordingly 그에 맞춰
expedite 신속히 처리하다　prohibit 금지하다　cooler 냉장 박스
encourage 권장하다　hassle 번거로운 일　entry 입장, 항목, 참가자
exceed 초과하다　meet 충족하다　certain 특정한　exception 예외
essential 필수의　medical 의료의　equipment 장비　diaper 기저귀
infant 유아　mobility 이동　assistive device (장애인을 위한) 보조 장치
additional 추가의　approval 승인　admission 입장
competitor (대회) 참가자　item 항목　emission 배출

해석

> **Parkland Adventures 가방 정책**
>
> **허용되는 가방**
> 보안상의 이유로, Parkland Adventures는 엄격한 가방 정책을 시행하고 있습니다. 크기가 12 x 15 x 6인치를 넘지 않는 작은 가방이나 배낭만 공원 내에 허용됩니다.
>
> **가방 검색 절차**
> 모든 가방이 입구에서 검색의 대상이므로, 따라서 그에 맞춰 절차를 신속히 처리할 수 있도록 계획해 주세요. 금지된 항목에는 대형 가방, 냉장 박스, 과하게 큰 우산이 포함됩니다. 번거로운 일 없이 입장하실 수 있도록 편안한 방문을 위해 꼭 필요한 물품만 휴대하는 것이 방문객들에게 권장됩니다.
>
> **추가 정보**
> 크기 제한을 초과하는 가방은 특정 조건을 충족하는 경우 허용될 수 있습니다. 예외 사항으로는 필수 의료 장비가 담긴 가방, 유아의 기저귀 가방, 이동 또는 (장애인을 위한) 보조 장치에 필요한 가방이 포함됩니다. 이러한 예외는 추가 비용 없이 제공됩니다. 문의 사항이 있거나 승인을 요청하려면 www.parklandadventure.com을 방문하거나 (222) 546-0059로 전화해 주세요.

08
① 15인치 이상의 배낭은 허용된다.
② 모든 가방은 입구에서 검사될 것이다.
③ 대형 가방이나 냉장 박스는 제한적으로 허용된다.
④ 가방 정책의 예외는 추가 요금이 요구된다.

해설

08
② 두 번째 문단의 첫 번째 문장에 모든 가방이 입구에서 검색의 대상이 된다고 했으므로 글의 내용과 일치한다.
① 첫 번째 문단의 두 번째 문장에 크기가 12 x 15 x 6인치를 넘지 않는 작은 가방이나 배낭만 공원 내에 허용된다고 했으므로 글의 내용과 일치하지 않는다.
③ 두 번째 문단의 두 번째 문장에 대형 가방과 냉장 박스가 금지된 항목에 있다고 했고, 세 번째 문단의 두 번째 문장의 예외 사항에 대형 가방과 냉장 박스는 없으므로 글의 내용과 일치하지 않는다.
④ 세 번째 문단의 세 번째 문장에 가방 정책의 예외는 추가 비용 없이 제공된다고 했으므로 글의 내용과 일치하지 않는다.

정답 08 ② 09 ①

[10-11]

make use of ~을 활용하다   waste 쓰레기   trash 쓰레기
worthless 쓸모없는   transform 변하다   discard 버리다
journey 여정   passionate 열정적인   actively 적극적으로
host 개최하다   process 과정   waste material 폐기물   fabric 천
scrap 조각   incredible 놀라운   encourage 장려하다
sustainable 지속 가능한   awareness 인식   conscience 양심
garbage 쓰레기   unfixable 해결할 수 없는   expert 전문가
craft (정교하게) 만들다

해석

(A) 쓰레기를 보물로 바꾸기

관심 있는 시민으로서 여러분은 쓰레기를 활용하는 방법을 배우고 싶을 것입니다.

쓰레기는 쓸모없어 보이지만 의미 있는 예술 작품으로 변할 수 있는 잠재력을 가지고 있습니다. 그러므로 버려진 물건 속에 숨겨진 아름다움을 발견하고 이 창의적인 여정에 동참해 보세요.

몇몇 열정적인 예술가와 환경 운동가들이 이 프로그램에 적극적으로 참여하고 있습니다. 이들이 그들의 아이디어와 과정을 여러분과 공유하기 위해 특별한 이벤트를 개최합니다. 페트병, 오래된 천 조각, 금속 캔, 버려진 나무 조각 등 다양한 폐기물을 놀라운 예술 작품으로 바꾸는 방법을 알아보세요. 이는 창의력을 자극할 뿐만 아니라 지속 가능한 생활과 환경에 대한 인식을 장려합니다.

참가자는 재료를 가져올 필요가 없습니다. 필요한 모든 물품은 행사 동안 제공될 예정입니다.

- 장소: Starlight Forge 커뮤니티 센터, 메인 홀
  (우천 시: Starlight Forge 도서관 B203호)
- 날짜: 2025년 4월 19일 토요일
- 시간: 오후 3시

행사에 대한 자세한 내용은 웹사이트 www.artisticsustainability.org를 방문하거나 (432) 567-8910으로 문의하세요.

10
① 예술 작품의 가치 기념하기
② 쓰레기 속에 묻힌 양심
③ 재활용된 폐기물: 해결되지 않는 문제

11
① 전문가들이 폐기물을 예술로 바꾸는 아이디어를 참가자들과 공유할 것이다.
② 예술 작품이 플라스틱과 나무 등 버려진 재료를 사용해 만들어질 것이다.
③ 프로그램에 참여하려면 재활용 재료를 직접 가져와야 한다.
④ 비가 오면 행사 장소를 도서관 건물 내의 공간으로 이동한다.

해설

10
처음 두 문단에서 쓰레기를 활용하는 방법과 쓰레기가 예술 작품으로 변할 잠재력에 대해 언급한다. 이후 세 번째 문단의 세 번째 문장에서 다양한 폐기물을 예술 작품으로 바꾸는 방법을 알아보라고 했고, 이후 이 행사에 대한 세부 정보를 안내하고 있으므로 글의 제목으로 ④ '쓰레기를 보물로 바꾸기'가 적절하다.

11
③ 네 번째 문단에서 참가자는 재료를 가져올 필요가 없고 모든 필요 물품이 제공된다고 했으므로 글의 내용과 일치하지 않는다.
① 세 번째 문단의 두 번째 문장에서 예술가와 환경 운동가들이 그들의 아이디어와 과정을 공유한다고 했고, 그다음 문장에서 다양한 폐기물을 예술 작품으로 바꾸는 방법을 알아보라고 했으므로 글의 내용과 일치한다.
② 세 번째 문단의 세 번째 문장에서 페트병, 버려진 나무 조각 등의 폐기물을 예술 작품으로 바꾸는 방법을 알아보라고 했으므로 글의 내용과 일치한다.
④ <장소>에서 우천 시 행사가 도서관 B203호에서 열린다고 했으므로 글의 내용과 일치한다.

정답 10 ④ 11 ③

12

notice 공지   vibrant 활기찬   share 공유하다   enhance 향상시키다
facility 시설   utmost 최고의   temporarily 일시적으로
essential 필수의   renovation 보수   pleased 기쁜   inform 알리다
maintain 유지하다   fitness 건강   apologize 사과하다
appreciate 감사하다   management 관리진   holiday 연말연시의
notify 알리다   closure 폐쇄   maintenance 유지보수
announce 안내하다   promote 홍보하다

해석

수신: 모든 회원
발신: Cindy Brown
날짜: 1월 2일
제목: 중요 공지

회원 여러분,

활기차고 밝은 새해를 맞이하여, 저희 스포츠 센터에서의 경험을 향상시키기 위한 몇 가지 중요한 업데이트를 공유하고자 합니다. 안전하고 최고 품질의 시설을 보장하는 것이 저희의 최우선 순위입니다.

필수적인 보수 작업을 위해 2월 1일부터 2월 7일까지 체육관과 수영장을 일시적으로 폐쇄합니다. 이러한 업그레이드 이후에도 회원비는 인상되지 않음을 알려드리게 되어 기쁩니다. 뿐만 아니라 이 기간 동안 건강 루틴을 유지할 수 있도록 파트너 체육관에서 특별 프로그램을 제공할 예정입니다.

이로 인해 발생할 수 있는 불편에 사과드리며, 여러분의 이해에 정말 감사드립니다.

감사합니다,
Cindy Brown
스포츠 센터 관리진

① 연말연시 이벤트 일정을 공유하기 위해
② 유지보수를 위한 시설 폐쇄에 관해 알리기 위해
③ 회원비 인상을 안내하기 위해
④ 신규 시설의 특별 행사를 홍보하기 위해

해설

두 번째 단락의 첫 번째 문장에서 필수 보수 작업으로 인해 체육관과 수영장을 일시적으로 폐쇄한다고 했으므로 글의 목적은 ② '유지보수를 위한 시설 폐쇄에 관해 알리기 위해'이다.

 ②

13

어휘

perform 수행하다   problematic 문제가 있는
performance 성과, 능률   besides ~뿐만 아니라   damage 손상시키다
slow down ~을 둔하게 하다   lower 낮추다   cognitive 인지의
decline 하락   density 밀도   region 영역   region 영역
responsible for ~을 담당하는   empathy 공감
unexpected 예기치 못한

해석

인간의 멀티태스킹은 차를 운전하는 동안 전화로 말하는 것과 같이 동시에 둘 이상의 업무나 활동을 수행하는 능력이다. 멀티태스킹이 당신의 성과를 떨어뜨리고 당신의 두뇌가 한 번에 한 가지 일에만 집중할 수 있기 때문에 멀티태스킹은 종종 문제가 있다고 말해진다. 게다가, 새로운 연구들은 멀티태스킹이 문제가 될 뿐만 아니라 심지어 당신의 능률을 죽이고 당신의 뇌를 손상시킬 수도 있다는 것을 밝혀냈다. 연구원들은 멀티태스킹이 당신을 둔하게 만드는 것뿐 아니라 심지어 당신의 IQ도 떨어뜨린다는 것을 보여준다. 런던 대학의 한 연구는 인지적 작업 중에 여러 가지 일을 한 참가자들이 그들이 마리화나를 피웠거나 밤을 새웠을 때 예상만한 것과 비슷한 IQ 점수 하락을 경험했다는 것을 발견했다. 멀티태스킹을 많이 하는 사람들은 또한 인지 및 감정 조절뿐만 아니라 공감을 담당하는 영역인 전방 대상피질에서 뇌의 밀도가 더 낮았다.

① 멀티태스킹의 예기치 못한 피해
② 직장에서 멀티태스킹의 부정적 영향
③ 멀티태스킹이 효율성 저하에 미치는 영향
④ 멀티태스킹이 당신의 경력에 미치는 실질적인 위험

해설

이 글의 중심 소재는 멀티태스킹이고 주제문은 세 번째 문장이다. 첫 문장에서 멀티태스킹이라는 소재와 정의를 제시하고 두 번째 문장에서 멀티태스킹에 대한 일반적인 통념, 즉 성과가 떨어지고 한 가지 일에 집중하지 못하기 때문에 문제가 있다는 것을 언급한다. 전환 혹은 대조를 나타내는 접속부사 However로 시작하는 세 번째 문장에서, 멀티태스킹은 흔히 생각하는 가벼운 문제 외에도 능률을 약화시키고 뇌 손상 등의 심각한 피해를 준다고 한다. 주제문을 뒷받침하기 위해 멀티태스킹이 IQ 저하를 가져오며 뇌의 밀도를 낮춘다는 연구 결과를 소개한다. 따라서 글의 제목으로 가장 적절한 것은 ① '멀티태스킹의 예상치 못한 피해'이다. ③은 핵심 내용인 IQ 감소와 뇌 손상이 빠진 지엽적인 내용이고 ②와 ④는 각각 직장과 경력이 글에 언급되지 않았으므로 모두 답으로 적합하지 않다.

 ①

14

어휘

thrilled 매우 기쁜   signing event 사인 행사   renowned 유명한
author 저자   celebrate 기념하다   release 출시   latest 최신의
unique 특별한   take part in ~에 참여하다   memorable 기억할 만한
venue 장소   purchase 구매   secure 확보하다
fill up 자리가 다 차다   publish 출간하다   signature 서명
on time 제시간에

해석

유명 베스트셀러 작가인 Joan Collin과 함께 그녀의 최신 저서 <반 클리프의 아침 식사>의 최근 출시를 기념하는 특별 도서 사인회에 여러분을 초대하게 되어 매우 기쁩니다. 작가를 직접 만날 수 있는 특별한 기회인데, 이번 행사는 그녀의 첫 사인회이기 때문입니다. 작가에게 그녀의 글쓰기 여정에 대한 질문을 하고 이 기억할 만한 경험에 참여하세요!

이벤트 세부 정보

• 날짜: 4월 4일 – 4월 5일
• 시간: 오후 2:00 – 오후 4:00
• 장소: 반스 앤 빈스 유니온 스퀘어
• 추가 활동: Q&A 세션, 사진 촬영 기회, 사인북 당첨 기회!

서명을 받으려면 <반 클리프의 아침 식사> 또는 그녀의 다른 베스트셀러 하나를 가져오세요. 책은 행사장에서 구매할 수도 있습니다. 이 행사는 자리가 빠르게 다 찰 것으로 예상되므로 일찍 도착하여 좋은 자리를 확보하세요.

더 자세한 내용은 www.barnesandbeans.com/events/booksigning을 확인하세요.

① 최근 Joan Collin의 새 책이 출간되었다.
② 저자는 이전에 서명 이벤트를 개최한 적이 없다.
③ 독자는 작가의 서명을 받기 위해 그녀의 책 중 하나를 구입할 수 있다.
④ 좌석이 충분하기 때문에 독자들은 제시간에 도착해도 된다.

해설

④ 세 번째 단락의 세 번째 문장에서 빠르게 만석이 될 것으로 예상되므로 일찍 도착하여 좋은 자리를 확보하라고 하므로 글의 내용과 일치하지 않는다.
① 첫 번째 문장에서 그녀의 최신 저서 <반 클리프의 아침 식사>의 최근 출시를 기념하는 특별 도서 사인회에 초대한다고 하므로 글의 내용과 일치한다.
② 두 번째 문장에서 이번 행사는 그녀의 첫 사인회라고 하므로 글의 내용과 일치한다.
③ 세 번째 단락의 첫 번째 문장에서 서명을 받으려면 <반 클리프의 아침 식사> 또는 그녀의 다른 베스트셀러 하나를 가져오라고 했고 두 번째 문장에서 책은 행사장에서 구입할 수도 있다고 했으므로 글의 내용과 일치한다.

 ④

15

emerging 떠오르는   threat 위협   vulnerability 취약점
malware 악성 소프트웨어   pose 초래하다   stability 안정
disrupt 파괴시키다   infrastructure 기반 시설
compromise 손상시키다   strain 부담을 주다
cybersecurity 사이버 보안   protection 보호
focus on ~에 중점을 두다   incident 사건   threaten 위협하다
in line with ~에 따라   prioritize 우선시하다   preparedness 대비
breach 위반   address 대처하다   evolving 진화하는

on call 대기 중인　**24/7** 연중무휴로　**detect** 감지하다
mitigate 완화하다　**investigation** 조사　**suspicious** 의심스러운
irregularity 부정행위　**readiness** 대비　**response** 대응
harm 해를 끼치다　**equipped** 준비를 갖춘

떠오르는 사이버 위협
새로운 취약점, 악성 소프트웨어, 공격 전략과 같은 떠오르는 사이버 위협은 디지털 시스템과 경제 안정에 심각한 위험을 초래한다. 이러한 위협은 기반 시설을 파괴하고 데이터를 손상시켜 국제적 제휴에 부담을 줄 수 있다.

OCP의 사명
사이버 보안 보호국(OCP)은 디지털 기반 시설과 공공 안전을 보호하는 데 중점을 둔다. 그것의 임무는 경제를 파괴하고 데이터를 손상시키며 국가 안보를 위협하는 사이버 보안 사고를 예방하고 해결하는 것이다. 이러한 임무에 따라 OCP는 진화하는 위협에 대처하기 위해 수년 동안 사이버 공격과 침해에 대한 대비를 우선시해 왔다.

OCP의 사이버 보안 전문가는 침해 사항을 감지하고 완화하기 위해 연중무휴로 대기하고 있다. 의심스러운 활동이나 부정행위가 보고되거나 감지되면 조사가 시작된다. 또한 OCP는 향후 침해 방지를 돕기 위해 기관들에게 사이버 보안 교육을 제공한다.

① OCP는 사이버 공격에 대한 대비와 대응에 중점을 둔다.
② 새로운 사이버 위협은 국제 관계에 해를 끼칠 수 있다.
③ 사이버 보안 사고는 심각한 경제적 혼란을 야기한다.
④ OCP는 사이버 위협에 24시간 대응할 준비가 된 전문가를 보유하고 있다.

중심 소재는 사이버 보안 보호국(OCP)이고 사이버 위협에 대응하는 OCP의 대비와 대응을 다루고 있다. 두 번째 문단의 첫 문장에서 주 임무는 디지털 인프라와 공공 안전을 보호하는 데 중점을 둔다고 하고, 마지막 문단에서 사이버 보안 사고 발생 전의 대비 태세와 사고가 일어났을 때의 대응에 대해 언급하고 있다. 따라서 글의 요지로 가장 적절한 것은 ① 'OCP는 사이버 공격에 대한 대비와 대응에 중점을 둔다.'이다.

정답 ①

16

mimicry 모방　**fantasy** 환상　**pretense** 가장　**disguise** 변장
ancestor 조상　**sense of identification** 일체감
feel at one with ~와 하나가 된 기분을 느끼다　**mimic** 흉내 내다, 모방하다
novice 초보자　**blend** 섞다　**choir** 합창단　**outstanding** 뛰어난
vocalist 가수　**a chill run down one's spine** 등골이 오싹하다
venue 장소　**duration** 지속　**stretch** 늘리다　**ordinary** 통상적인
temporarily 일시적으로

모방은 환상, 가장, 그리고 변장을 통해 우리가 실제의 우리 그 이상인 것 같은 느낌이 들게 해 준다. 우리 조상들은 자기 신들의 가면을 쓰고 춤을 출 때 우주를 지배하는 힘과의 강력한 일체감을 느꼈다. ① 사슴과 같은 복장을 함으로써 Yaqui 인디언 댄서는 자신이 흉내 내는 동물의 영혼과 하나라는 기분을 느꼈다. ② 뛰어난 가수를 모방함으로써 자신의 목소리가 합창단의 화음에 섞여 들어가게 된 초보 가수는 그녀가 그 아름다운 음악을 만드는 데 기여했음을 깨달을 때, 등골이 오싹한 전율을 느끼게 된다. ③ 축구 선수는 종종 시합 장소의 자연환경 때문에, 그리고 프로 축구 리그의 지속으로 인해 특정 기간 동안 뜨거운 환경에서 경기를 해야만 한다. ④ 인형을 가지고 놀고 있는 꼬마 여자아이와 카우보이인 척하는 그녀의 남자 형제도 자신들의 통상적 경험의 한계를 늘린다. 이렇게 함으로써, 그들은 자기네 사회의 성 유형에 따른 성인의 역할을 배울 뿐만 아니라 일시적으로 다르고 더 강력한 어떤 사람이 된다.

글의 중심 소재는 모방이고, 첫 문장이 주제문이다. 이후에 여러 개의 예시를 통해 주제를 뒷받침하는 두괄식 구조의 글이다. 신들의 가면을 쓰고 춤을 춘 조상들, 사슴의 복장을 한 인디언 댄서, 합창단에서 다른 훌륭한 가수의 노래를 모방하여 멋진 합창을 만들어내는 초보 가수, 인형을 가지고 노는 여자아이와 카우보이를 흉내 내는 남자아이 등의 사례가 모두 모방을 통해 더 강력한 자신의 존재감을 느낀다는 주제문에 대한 예시이다. 그러나 뜨거운 날씨에 경기를 해야만 한다는 축구 선수에 관한 내용은 모방과는 관련이 없으므로 ③은 글의 흐름상 어색하다. 따라서 정답은 ③이다.

정답 ③

17

downturn 하락　**struggle with** ~로 고전하다　**influx** 유입
unintentionally 의도하지 않게　**accelerate** 가속화되다
needless to say 말할 필요도 없이　**press** 언론　**coverage** 보도
concern 우려　**severely** 심각하게　**hamper** 저해하다
confidence 신뢰　**plummet** 급락하다　**term** 칭하다
sudden acceleration 급발진

아우디는 자신들의 직접적인 통제를 넘어서는 한 사건 때문에 한때 하락을 겪었다. 많은 자동차 회사들처럼, 아우디는 1980년대 말의 부실 경제와 일본산 고급 수입차의 미국 시장 유입으로 고전했다. (C) 그런데, 가장 인기 있는 모델 중 하나인 아우디 5000이 '급발진'이라는 칭해졌던 것을 겪었다는 주장이 매출 감소의 주요 원인 중 하나였다. (A) 뉴스 보도에 따르면, 아우디 5000은 운전자가 브레이크 페달을 밟아서 자동차를 세우려고 하는 시도에도 불구하고 의도치 않게 가속화될 수 있었다. (B) 말할 필요도 없이, 그 언론 보도는 상당한 대중의 우려를 야기했고, 아우디 브랜드에 대한 소비자의 신뢰를 심각하게 저해했다; 그 보도 후에 거의 5년 동안 판매가 급락했다.

글의 중심 소재는 아우디의 하락이다. 차량의 급발진 보도로 인해 매출 감소를 겪었다는 내용의 글이다. 주어진 문장은 아우디가 하락을 겪었다고 언급하며 1980년대 말의 부실 경제와 일본산 고급 수입차의 유입을 침체의 일반적인 원인으로 먼저 지적하고 있다. 이어서 (C)에서 접속사 However로 내용이 전환되며 주요 원인의 하나로 '급발진'이 있었다는 주장을 언급한다. 이것을 (A)에서 급발진에 관한 뉴스 보도로 급발진에 대해 부연 설명한다. (B)에서는 뉴스 보도의 결과로 결국 판매가 급락했다고 진술한다. '원인 제시(C) – 부연 설명(A) – 그로 인한 결과(B)'로 글의 흐름이 이어지는 것이 자연스러우므로 ③ (C) – (A) – (B)가 정답이다.

정답 ③

18

benefit 이점　**take ~ into account** ~을 고려하다

remote learning 원격 학습   accessible 접근하기 쉬운
institution 기관   barrier 장애물   physical 물리적인   distance 거리
contribute 기여하다   sustainable 지속 가능한
disseminate 퍼뜨리다   a range of 다양한   gap 격차
inequality 불평등   income 소득   privileged 특권을 가진

해석
원격 학습은 교육을 좀 더 접근하기 쉽게 만드는 데 도움이 될 것으로 기대된다. (①) 교육에 원격으로 접근하는 것은 물리적 거리나 건강 문제와 같은 여러 가지 장애물로 인해 교육 기관에 접근할 수 없는 사람들에게 학습 기회를 제공할 수 있다. (②) 원격 학습은 또한 특정 국가나 기관에서 개발된 지식이 더 다양한 학습자에게 퍼질 수 있기 때문에 지속 가능한 발전에 기여할 수 있다. (③) 하지만 예상되는 이점들에도 불구하고, 원격 학습이 새로운 위험 요소를 만들지 않도록 고려되어야 하는 위험 요소들도 또한 있다. 증가하는 디지털 격차나 소득이 다른 집단 사이의 사회적 불평등이 그것들 가운데 포함되는데, 고소득 국가는 기술과 지식에 투자할 수 있는 반면 소득이 낮거나 중간인 국가에서는 교육 개발 재원이 더 적기 때문이다. (④) 이것은 특권층의 사람들만이 지식에 접근하는 상황을 가져올 수 있다.

해설
글의 중심 소재는 원격 학습이다. 주어진 문장이 역접의 연결어 However로 시작하고, 예상되는 이점에도 불구하고 위험 요소도 있다고 했으므로 이 문장의 앞에 원격 학습의 일반적 이점들이 나오고, 이 문장의 뒤에 원격 학습의 위험 요소에 대해 나올 것으로 예측된다. ①, ②는 원격 학습의 이점에 관한 내용이지만, ③은 디지털 격차나 사회적 불평등과 같은 원격 학습의 위험 요소에 관한 내용이므로 주어진 문장이 ③에 들어가는 것이 적절하다. ③의 Among those에서 those는 주어진 문장의 risks를 가리키고 있다.

 ③

19
어휘
climate 기후   be made up of ~로 구성되다   decade 10년
define 정의하다   variation 변화   factor 요인   temperature 온도
rainfall 강우(량)   aspect 측면   routinely 일상적으로
associate A with B A와 B를 연관 짓다   freezing 영하의
snowfall 강설(량)   commonplace 흔한   coastal 해안의
typically 일반적으로   embrace 포함하다   extreme 극단
suitable 적합한

해석
특정 지역의 기후는 수십 년의 기간에 걸친 평균 기상 상태로 구성된다. 그것은 온도, 강우량, 바람, 그리고 햇빛 같은 요인들의 변화로 정의된다. 높은 기온과 강우량의 부족은 많은 사람들이 일상적으로 사막과 연관 짓는 기후의 두 가지 측면이며, 실제로 세계에서 가장 덥고 건조한 지역은 둘 다 사막 지역에 위치해 있다. 그러나 사막 기후는 또한 다른 극단들을 포함한다. 많은 건조 지대는 영하의 기온을 겪고, 강설은 흔하다. 비록 그곳들은 연중 대부분은 건조하지만, 개별적인 폭풍이 많은 양의 빗물을 사막으로 가져올 수 있다. 대부분의 시간 동안, 사막 하늘에는 구름이 없는데, 그것은 사막이 다른 어떤 자연환경보다 더 많은 양의 햇빛을 받는다는 것을 의미한다. 그러나, 안개는 일부 해안 사막에서 드문 일이 아니며, 일부는 일반적으로 비 오는 날보다 안개가 낀 날이 더 많다.

① 특정 지역에 나타난다
③ 토양 풍부함의 소실을 야기한다
④ 살기에 적합해진다

해설
중심 소재는 사막 기후의 여러 특징이다. 빈칸 앞의 However를 보아 내용이 전환될 것임을 알 수 있다. 빈칸 앞에서는 사막의 일상적인 기후의 두 가지 측면인 높은 기온과 강우량의 부족에 대해 언급하면서 가장 더운 지역과 가장 건조한 지역 모두 사막 지역에 있음을 언급한다. 빈칸 이후에는 영하의 기온을 겪고 강설이 흔하다고 언급하며 빈칸 앞부분의 내용과 대조되는 기후를 언급한다. 그러므로 사막 기후는 '높은 기온과 강우량의 부족'이라는 측면 외에도 '영하의 기온과 강설(혹은 강우)량'이라는 극단적으로 반대되는 측면을 가지고 있다는 내용이 빈칸에 들어가야 한다. 그러므로 정답은 ② '다른 극단들을 포함한다'이다.

 ②

20
어휘
address 다루다   unresolvable 해결할 수 없는   conflict 갈등
embedded 내재된   promote 장려하다   guideline 지침
asset 자산   opposed 대립되는   treat ~ like dirt ~을 하찮게 대하다
cease ~이 아니게 되다   make sense 이치에 맞다
paradox 역설적인 상황   come up with ~을 생각해내다
alternative 대안   balance 균형을 맞추다   validate 정당성을 입증하다
circumstances (pl.) 상황   fixed 고정된   lack ~이 부족하다
flexibility 유연성   facilitate 촉진하다   separate 분리하다
justify 정당화하다   reframe 재구성하다   dilemma 딜레마

해석
이야기로 여러분은 우리가 조직에서 매일 직면하는 것과 같은 해결할 수 없는 갈등의 양측을 다 다룰 수 있다. 업무 환경에 내재된 흔한 갈등을 생각해보라. 대부분의 조직은 두 가지 지침을 장려한다: '고객은 왕이다'와 '직원은 우리의 가장 큰 자산'. 그러나 사실 이 두 가지 규칙은 완전히 대립될 수 있다. 예를 들어, 고객이 직원을 하찮게 대할 때, 고객이 항상 옳다고 말하는 '지침'은 이치에 맞지 않게 된다. 지침과 규칙은 역설적인 상황을 다룰 수 없다. 이야기는 가능하다. 좋은 이야기는 직원이 적극적으로 참여하여, 해결할 수 없는 갈등을 균형을 맞출 자신만의 창의적인 대안을 생각해 낼 수 있게 해 준다. 이야기는 사람들이 다른 관점에서 보도록 하는 동시에 사람들이 경험하는 특정한 상황의 정당성을 입증한다. 규칙은 역설적인 상황에서 유연성이 부족한 고정된 해결책을 제공하는 반면, 이야기는 사람들이 자신들의 딜레마를 창조적으로 재구성하도록 한다.

① 갈등을 적극적으로 촉진하도록
② 자신의 의견을 타인의 것과 분리하도록
③ 역설적인 상황을 정당화하도록

해설
글의 중심 소재는 갈등 해결에서 이야기의 역할이다. 첫 번째 문장이 주제문으로, 이야기는 우리가 해결하기 힘든 갈등의 양측을 모두 다룰 수 있다고 한다. 빈칸이 있는 문장은 앞에서 설명한 규칙과 이야기의 특징을 결론적으로 제시하고 있으므로, 이야기의 특징을 정리하는 말이 들어가야 한다. 또한 접속사 whereas는 두 가지 사실을 대비할 때 사용하므로 whereas 앞의 내용과 빈칸의 내용이 대조되어야 한다. whereas 앞에서는 규칙이 역설적인 상황에서 유연성이 부족한 고정된 해결책을 제공한다고 했으므로 빈칸에는 역설을 해결하고 창조적인 생각을 할 수 있다는 내용이 들어갈 것으로 유추할 수 있다. 따라서, 빈칸에 들어갈 말로 가장 적절한 것은 ④ '자신들의 딜레마를 창조적으로 재구성하도록'이다.

정답 ④

01	②	02	③	03	③	04	①	05	①
06	②	07	④	08	③	09	①	10	④
11	④	12	②	13	②	14	④	15	①
16	③	17	②	18	③	19	①	20	②

01

어휘

consequence 결과   cautious 신중한   impulsive 충동적인
patient 인내심이 있는   irritable 짜증을 잘 내는

해석

그는 때때로 꽤 충동적이어서, 결과를 충분히 고려하지 않고 빠른 결정을 내린다.

정답 ②

02

어휘

judge 판사   decide 결정하다   ruling 판결   delay 지연
evidence 증거   thoroughly 철저하게   review 검토하다
announce 발표하다   uphold 지지하다   withhold 보류하다
revise 개정하다

해석

판사는 그 사건에 대한 최종 판결을 보류하기로 결정했다; 이 지연은 모든 증거가 철저히 검토될 시간을 제공했다.

정답 ③

03

어휘

environmental 환경의   degradation 악화   critical 중요한
factor 요인   ancient 고대의   excessive 과도한   reliance 의존
resources (pl.) 자원   sustenance 생계   along with ~와 더불어
prolonged 장기간의   drought 가뭄   decline 쇠퇴

해석

환경 악화가 중요한 요인이었을 수도 있다: 장기간의 가뭄과 더불어, 고대 사회의 생계를 위한 천연자원에 대한 과도한 의존이 그들의 쇠퇴에 기여했던 것으로 보인다.

해설

문법 포인트 준동사의 형태 변화 문장의 전체 동사인 본동사의 시제보다 준동사가 의미하는 시제가 앞선 경우 준동사를 완료 시제로 표현해야 한다. 콜론 앞에서 과거의 추측을 나타내는 might have p.p.가 쓰였고, appears의 to부정사 보어 또한 그 과거 일에 대한 부연 설명이므로 완료시제로 표현해야 한다. 따라서 ③ have contributed to가 정답이다. contribute는 자동사일 때는 '기여하다'라는 의미이고 타동사일 때는 '기부[기증]하다'라는 의미이므로 이 문장에서는 자동사로 사용되어 수동태인 ②와 ④는 적절하지 않다.

정답 ③

04

어휘

crumble 바스러지다   skeleton 해골   injury 부상   untimely 때 이른
archaeologist 고고학자   tourism office 관광국   region 지역
site 유적지   locate 위치시키다

해석

그 유적지가 위치한 지역의 관광청에서 그 고고학자가 했던 인터뷰에 따르면, 어린이들과 젊은 여성들의 해골이 바스러지는 나무 층 아래에 있었는데, 그들의 부상은 때 이른 죽음을 암시한다.

해설

① 문법 포인트 혼동하기 쉬운 동사의 불규칙 변화 / 도치 장소/위치를 나타내는 부사구 Beneath the crumbling wooden layers가 문장의 앞으로 나가면서 주어와 동사가 도치된 구조이다. 부사구 강조에 의한 도치는 주어가 명사인 1형식 문장에서 가능한데, laid는 타동사 lay의 과거형이다. 따라서 laid는 '있다'를 의미하는 자동사 lie의 과거형인 lay로 고쳐야 한다. (laid → lay)

② 문법 포인트 관계대명사의 선택 선행사인 children and young women에 대해 '그들의 부상'이라는 소유의 의미를 전달하기 위해 whose라는 소유격 관계대명사가 바르게 쓰였다.

③ 문법 포인트 형용사 vs. 부사 untimely는 형용사로 뒤의 명사 death를 바르게 수식하고 있다.

④ 문법 포인트 관계부사 선행사가 장소를 의미하는 the region이고 밑줄 뒤에 완전한 절이 왔으므로 장소의 관계부사 where가 바르게 쓰였다.

정답 ①

05

어휘

release 출시   leading 선도적인   firm 기업   represent 의미하다
turning point 전환점   landscape 분야   influential 중요한
cutting-edge 첨단의   critical 필수적인   management 관리
-driven ~ 기반의   application 응용 프로그램   integration 통합
considerable 상당한   performance 성능   gain 개선
generate 불러일으키다   expectation 기대   upcoming 곧 있을

해석

게임, 데이터 관리, 그리고 AI 기반 응용 프로그램에 필수적인 첨단 소프트웨어 솔루션에서의 중요한 역할을 고려할 때, 선도적인 기술 기업들의 새로운 소프트웨어 플랫폼의 출시는 기술 분야에서 중요한 전환점을 의미한다. 이 플랫폼의 통합은 상당한 성능 개선을 제공할 것으로 예상되며, 선도적 기술 기업들의 곧 있을 소프트웨어 출시에 대한 높은 기대를 불러일으킨다.

해설

① 문법 포인트 주어 – 동사 수 일치 문장의 주어는 단수 명사인 The release이므로 동사 역시 단수형으로 바르게 고쳐야 한다. (represent → represents)

② 문법 포인트 관계대명사의 선택 / 주어 – 동사 수 일치 선행사가 cutting-edge software solutions라는 복수 명사이고 관계대명사절에 주어가 없으므로, 주격 관계대명사 which가 바르게 쓰였다. 또한 관계대명사절의 동사는 선행사에 수 일치를 이루어야 하므로 복수형인 are가 바르게 쓰였다.

③ 문법 포인트 동사의 유형별 수동태 불완전타동사로 쓰인 expect의 목적격보어는 능동태와 수동태에서 모두 to부정사 형태로 써야 하므로 to offer가 바르게 쓰였다.

④ 문법 포인트 분사구문 분사구문의 의미상 주어가 주절의 주어와 동일하고 주

어와 의미상 능동의 관계이므로 현재분사가 바르게 쓰였다. 또한 분사 뒤에 목적어가 있는 것으로 보아 현재분사가 와야 한다는 것을 알 수 있다.

정답 ①

06
어휘
reservation 예약　available 이용 가능한　waiting list 대기자 명단　party 일행

해석
A: 안녕하세요. 예약하셨나요?
B: 아니요, 하지 않았어요. 두 명이 앉을 수 있는 테이블이 있을까요?
A: 죄송합니다, 지금은 이용 가능한 자리가 없습니다.
B: 대기자 명단에 올려주실 수 있나요?
A: 물론이지요. 이름만 남겨주시면 자리가 날 때 제가 알려드리겠습니다.
① 저는 예약을 해야 했어요.
③ 근처에 다른 식당이 있나요?
④ 저는 나머지 일행을 기다리고 있습니다.

정답 ②

07
어휘
cuisine 요리　awesome 굉장한　unusual 특이한　ingredient 재료
confused 이해가 안 가는　pick 따다　wild 재미있는
count in ~을 끼워 주다　pre-packaged 사전 포장된
complicated 복잡한　gather 따 오다　produce 농산물

해석
Ava Smith: 저는 이탈리아 요리 수업을 듣고 있어요. 같이 할래요?
Daniel Lee: 굉장해요! 저는 항상 파스타 만드는 법을 배우고 싶었어요.
Ava Smith: 그런데 여기에는 특이한 점이 있어요! 신선한 재료로 요리할 거예요!
Daniel Lee: 잠깐요, 그게 어떻게 되는 거죠?
Ava Smith: 우리가 최대한 신선한 재료를 따 오는 거예요.
Daniel Lee: 여전히 이해가 안 가요.
Ava Smith: 우리가 정원에서 신선한 채소를 따는 거예요. 정원은 주방 바로 밖에 있어요!
Daniel Lee: 그거 재미있겠는데요! 저도 할래요!
① 우리는 사전 포장된 재료를 사용할 거예요
② 이탈리아 요리는 초보자들에게 너무 복잡해요
③ 셰프가 신선한 과일을 사는 좋아하는 가게가 있어요

정답 ④

[08-09]
어휘
operation 운영　prioritize 우선으로 하다　seamless 원활한
security 보안 (검색)　enhance 개선하다　facilities (pl.) 시설
surpass 넘어서다　continually 지속적으로　improve 개선하다
address 해결하다　efficiently 효율적으로　efficiency 효율성
be committed to ~에 전념하다　optimize 최적화하다
punctuality 시간 엄수　disruption 혼란　automate 자동화하다
streamline 간소화하다　ensure 보장하다　smooth 원활한
on-time 정시의　performance 운항　environmental 환경의
sustainability 지속 가능성　adopt 채택하다　eco-friendly 친환경의
practice 관행　impact 영향　renewable 재생 가능한
promote 장려하다　green 친환경의　implement 실행하다
benefit 이익을 주다　make use of ~을 활용하다　manually 수동으로
sound 건전한　exceed 넘다　understand 이해하다
compare 비교하다　satisfy 만족시키다

해석

> **AeroVista의 공항 운영 정책**
>
> **승객 경험**
> 우리는 모든 여행객에게 원활하고 즐거운 경험을 제공하는 것을 우선으로 합니다. 체크인 및 보안 검색에서 대기 시간을 단축하고, 라운지 및 식당과 같은 시설을 개선함으로써, 승객의 기대를 넘어서는 것을 목표로 합니다. 여행객의 요구를 효율적으로 해결하기 위해 피드백 제도를 지속적으로 개선하고 있습니다.
>
> **운영 효율성**
> 우리는 시간 엄수를 개선하고 혼란을 줄이기 위해 공항 운영을 최적화하는 데 전념하고 있습니다. 자동화된 수하물 체계와 AI 일정 관리와 같은 기술을 사용하여 우리는 절차를 간소화하며, 원활한 연결과 정시 운항을 보장하기 위해 항공사 및 지상 서비스와 긴밀히 협력합니다.
>
> **환경 책임**
> 우리는 공항 운영의 환경 영향을 최소화하기 위해 친환경 관행을 채택함으로써 지속 가능성을 우선시합니다. 환경과 지역사회 모두에 이익을 주기 위해 이러한 노력은 재생 가능 에너지 사용, 친환경 차량 장려, 그리고 폐기물 관리 시스템 실행을 포함합니다.

08
① 보안 검색대에서 대기 시간을 줄이는 것을 포함한다.
② 피드백 시스템을 지속적으로 개선하는 것을 포함한다.
③ 수동으로 작동되는 수하물 시스템을 사용한다.
④ 환경적으로 건전한 관행을 준수하는 데 전념한다.

해설
08
③ <운영 효율성>의 두 번째 문장에서 자동화된 수하물 시스템을 사용한다고 했으므로 글의 내용과 일치하지 않는다.
① <승객 경험>의 두 번째 문장에서 보안 검색에서 대기 시간을 단축한다고 했으므로 글의 내용과 일치한다.
② <승객 경험>의 마지막 문장에서 피드백 시스템을 지속적으로 개선하고 있다고 했으므로 글의 내용과 일치한다.
④ <환경 책임>에서 환경 영향을 최소화하기 위해 친환경 관행을 채택하며 지속 가능성을 우선시한다고 했으므로 글의 내용과 일치한다.

정답 08 ③　09 ①

[10-11]
어휘
seek 찾다　ensure 보장하다　well-being 복지
supportive 지원하는　environment 환경　growth 성장

health screening 건강 검진   unit (병원의) 부서
comprehensive 종합적인   check-ups 건강 검진
examination 검사   vaccination 예방 접종 (기록)   review 검토
personalize 개인에게 맞추다   assessment 평가   evaluation 평가
vision 시력   wellness 건강   immunization 예방 접종
vaccine 백신   prior 사전의   consent 동의   stay ahead 앞서 나가다
doorstep 현관   excellence 우수성   promote 증진하다

해석

(A) 건강 관리로 학생 복지를 증진하세요

Silver Hollow Academy는 학생들의 복지를 보장하고 그들의 성장을 지원하는 환경을 조성하기 위한 방법들을 항상 찾고 있습니다. 이러한 노력의 일환으로, 이동 건강 검진 부서가 캠퍼스를 방문할 것을 알리게 되어 기쁩니다. 이 프로그램은 신체검사, 예방 접종 기록 검토, 맞춤형 건강 조언을 포함한 종합 건강 검진을 제공합니다.

세부 사항
- 날짜: 2025년 3월 11일 화요일
- 시간: 오전 9시 ~ 오후 3시
- 장소: Silver Hollow Academy 주차장 (정문 근처)

포함 내용
- **종합 평가**: 시력, 청력 및 일반 건강 검진을 포함하는, 학생들의 신체 건강을 보장하기 위한 전문가 평가
- **예방 접종 기록 검토**: 예방 접종 기록을 업데이트하고 사전 동의 아래 필요한 백신을 맞을 수 있는 기회

질문이나 추가 정보를 원하시면, 학교 간호사에게 연락해 주세요:
전화: (555) 998-4567
이메일: nurse@silverhollowacademy.edu

10

① 현대 예방 접종 프로그램으로 앞서 나가세요
② 당신의 현관에서 받는 이동 건강 서비스
③ 학문적 우수성을 위한 새로운 비전

해설

10
첫 번째 문단의 첫 번째 문장에서 학생들의 복지를 보장하기 위한 방법을 찾는다고 했고 두 번째 문장과 세 번째 문장에서 건강 검진을 제공한다고 했으므로 글의 제목으로 가장 적절한 것은 ④ '건강 관리로 학생 복지를 증진하세요'이다.

11

④ 마지막 문단에서 질문이나 추가 정보를 원하면 학교 간호사에게 연락하라고 했으므로 글의 내용과 일치하지 않는다.
① <세부사항>의 장소가 Silver Hollow Academy의 주차장이라고 소개되어 있으므로 글의 내용과 일치한다.
② <포함 내용>의 '종합 평가'에 시력, 청력 및 일반 건강 검진을 포함한다고 했으므로 글의 내용과 일치한다.
③ <포함 내용>의 '예방 접종 기록 검토'에서 필요한 백신을 맞을 수 있는 기회라고 했으므로 글의 내용과 일치한다.

 정답 10 ④ 11 ④

12

humanitarian 인도주의의   organization 단체   hunger 기아
security 안보   assistance 지원   emergency 비상 상황
improve 개선하다   nutrition 영양 상태   resilience 회복력
operate 활동하다   strive 노력하다   address 해결하다
poverty 빈곤   conflict 분쟁   collaborate 협력하다   agency 기구
sustainable 지속 가능한   malnutrition 영양실조
emphasize 강조하다   capacity 역량   initiative 방안
voucher 교환권   agricultural 농업의   strengthen 강화하다
self-sufficiency 자립   vulnerable 취약한
population (특정) 계층 사람들   global-scale 국제 규모의

해석

세계 식량 계획

세계식량계획(WFP)은 기아와 식량 안보에 중점을 둔 세계 최대의 인도주의 단체이다. WFP는 비상 상황에서 식량 지원을 배달하며 영양 상태를 개선하고 회복력을 높이기 위해 지역사회와 협력한다. 80개국 이상에서 활동하며, 빈곤, 분쟁, 그리고 기후 변화를 포함한, 그 근본 원인을 해결하여 기아를 종식하려고 노력한다. 이 조직은 기아와 영양실조에 대한 지속 가능한 해결책을 만들어내기 위해서 지역 정부, 비정부기구, 그리고 국제기구와 협력하고, 지역사회 기반의 프로그램과 역량 강화를 강조한다. WFP의 방안은 취약 계층 사람들의 자립을 강화하기 위해 학교 급식 프로그램, 식량 교환권, 그리고 농업 지원을 포함한다.

① 기아에 초점을 맞춘 미국 최대의 인도주의 단체이다.
② 기아 퇴치를 위해 80개국 이상에서 활동한다.
③ 기후 변화를 다루는 독립적인 부서를 보유하고 있다.
④ 지역사회 기반 프로그램보다 국제 규모의 프로젝트에 중점을 둔다.

해설
② 세 번째 문장에서 80개국 이상에서 활동하며 기아를 종식하려고 노력한다고 했으므로 글의 내용과 일치한다.
① 첫 번째 문장에서 기아에 초점을 맞춘 세계 최대의 인도주의 단체라고 했으므로 글의 내용과 일치하지 않는다.
③ 세 번째 문장에서 기후 변화를 포함해 기아의 근본 원인을 해결하려 한다고 설명하기는 했지만, 독립 부서가 있다는 내용은 언급하지 않았으므로 글의 내용과 일치하지 않는다.
④ 네 번째 문장에서 지역사회 기반의 프로그램과 역량 강화를 강조한다고 했으므로 글의 내용과 일치하지 않는다.

 정답 ②

13

announcement 발표   step into ~을 시작하다
reflect on 되돌아보다   embark on ~에 착수하다
announce 발표하다   retirement 은퇴
operations manager 운영팀장   dedication 헌신
lasting legacy 계속 전해 내려오는 유산   wealth of 풍부한
appreciate 고마워하다   transition 변화   share 공유하다
achievement 성취

해석

수신: 전 직원
발신: Julie Hopkins
날짜: 1월 10일
제목: 중대한 발표

직원 여러분들께,

새해를 시작하면서, 우리는 우리가 함께 해왔던 놀라운 여정과 조직으로서 우리가 얼마나 성장했는지를 되돌아봅니다. 우리는 새로운 도전과 기회를 몇 개월 앞서 착수하게 되어 기쁩니다.

이것을 마음에 새기며, 우리는 우리와 15년이 넘는 기간 동안 함께 해왔던 우리의 운영팀장인 John Smith 씨의 은퇴를 발표하고자 합니다. 우리의 서비스를 향상시키는 데 대한 그의 헌신은 계속 전해 내려오는 유산으로 남았습니다. 우리는 또한 운영팀장의 역할을 시작하게 될 Sarah Park 씨를 환영하게 되어 기쁘며, 그녀의 풍부한 경험을 우리 팀에 가져다줄 것입니다.

우리가 이 변화를 다루며 함께 나아가는 동안 여러분의 지속적인 지원에 감사드립니다.

안부를 전하며
Julie Hopkins
스포츠 센터 관리부

① 직원들에게 새로운 회사 정책을 알리려고
② 앞으로 있을 휴가 계획을 공유하려고
③ 직원의 교체와 은퇴를 발표하려고
④ 모든 직원의 성취를 축하하려고

해설

두 번째 단락의 첫 번째 문장에서는 John Smith 씨의 은퇴를 발표한다고 했고, 세 번째 문장에서는 그를 대신할 새로운 운영팀장을 환영한다고 했으므로 글의 목적으로는 ③ '직원의 교체와 은퇴를 발표하려고'가 가장 적절하다.

정답 ③

14

어휘

look after ~을 돌보다   draining 지치게 하는   exhausted 기진맥진한
overwhelmed 어쩔 줄 모르는   meet up with ~와 만나다
resentful 분개한   demands (pl.) 부담   carry on with ~을 계속하다
practical 실질적인   be all about ~이 가장 중요하다
exasperated 몹시 화가 난   empathy 공감   satisfying 만족스러운
caregiver 돌보미

###

누군가를 돌보는 일은 정서적으로 지치게 할 수 있다. 그 일은 당신이 기진맥진하고 어쩔 줄 모르며 스트레스를 받게 만들 수 있다. 그것은 또한 당신이 자신의 삶을 위해 쓸 시간이 없고 친구들과 만나서 걱정을 털어놓을 시간이 없다는 뜻이기도 하다. 때때로 당신은 돌보고 있는 대상이 당신에게 가할 수 밖에 없는 부담 때문에 그 사람에게 화가 나고 분노를 느끼는 자신을 발견할 수 있다. 이것은 완전히 자연스러운 감정이지만, 당신에게든 당신이 돌보는 대상에게든 건강에 좋지 않다. 이런 상태에서, 당신은 돌보미 역할을 혼자 계속하는 것을 선호할지도 모르고, 다른 사람들에게 실질적인 도움을 받고 싶어하지 않을 수도 있다. 그러나 다른 사람들에게, 특히 당신과 비슷한 경험을 해서 바로 당신이 어떤 기분인지를 이해할 수 있는 사람들에게 당신의 감정에 대해 이야기하는 것은 당신에게 크게 도움이 될 것이다. 그저 주위를 돌아보라! 귀 기울여 듣고 충고를 건넬 수 있는 사람들이 세상에 많이 있다.

① 돌보는 일은 환자와 시간을 공유하는 것이 가장 중요하다.
② 돌보미가 몹시 화가 나는 것은 상당히 자연스러운 일이다.
③ 공감은 돌보미 일을 더 의미 있고 만족스럽게 만든다.
④ 돌보미는 다른 사람들에게 정서적 지원을 받을 필요가 있다.

해설

글의 중심 소재는 누군가를 돌보는 일이고 주제문은 끝에서 세 번째 문장이다. 다른 사람을 돌보는 일이 정서적으로 힘든 일이라고 말한 뒤, 그로 인해 돌보미가 겪을 수 있는 여러 가지 어려움과 원인을 설명한다. 돌보미가 누구의 도움도 받지 않고 혼자 일하고 싶어하는 것이 문제일 수 있다는 것이다. 그런 다음 역접의 연결어 However 이후에 돌보미가 그런 어려움을 해결하기 위해서는 자신의 감정을 이해해 줄 사람과 이야기해야 한다고 주장한다. 따라서 이 글의 요지로 가장 적절한 것은 ④ '돌보미는 다른 사람들에게 정서적 지원을 받을 필요가 있다.'이다.

정답 ④

15

어휘

linguistic 언어학적   perspective 관점   sophisticated 정교한
serve one's need ~의 욕구를 채워주다   sophistication 정교함
stratified 계층화된   speech 말투   inferior 하등한
hierarchical 계층화된   determine 결정하다   proper 적합한
construction 구조   deviation 일탈   dialect 방언   inherent 내재한
acceptability 용인성   define 정의하다   hierarchy 계층

###

언어학적 관점에서, 모든 언어는 동일하게 정교하고 사용자들의 욕구를 동일하게 잘 채워주며, 모든 인간은 동일한 문법적 정교함을 가지고 말한다. 이런 점에도 불구하고, 미국과 같은 복잡한 계층화된 사회에서, 어떤 말투는 '바르다'고 여겨지고 다른 말투는 하등하다고 판단된다. 계층화된 사회에서, 가장 강력한 집단이 일반적으로 언어에서 '적합한' 것을 결정한다. 사실은, 사회 엘리트가 사용하는 문법적 구조는 언어로 여겨지는 반면에, 그것들로부터의 어떤 일탈이든 보통 방언이라고 불린다. 말투 형식의 어떤 내재한 가치라기보다, 사용자의 사회적인 힘이 언어의 용인성을 결정하기 때문에, 언어학자 Max Weinreich는 언어를 '육군과 해군의 방언'이라고 정의했다.

① 언어와 사회 계층
② 언어 용인성의 정의
③ 방언: 언어의 일탈
④ 언어의 내재하는 가치

해설

중심 소재는 언어와 방언이다. 첫 문장에서 모든 언어는 동일하게 정교하고 모든 인간은 동일한 문법적 정교함을 가지고 말한다고 하였지만, 두 번째 문장에서 미국과 같은 계층 사회에서는 어떤 말투는 바르고 어떤 말투는 하등하게 판단된다고 반박한다. 세 번째 문장이 주제문으로 계층 사회에서는 강력한 집단이 어떤 것이 적절한 언어인지를 결정한다고 말한다. 즉, 사회 계층에 따라 언어의 용인성이 결정된다는 내용의 글이다. 따라서 글의 제목으로는 ① '언어와 사회 계층'이 가장 적절하다. 언어의 용인성을 결정하는 것에 대한 글이지 용인성을 정의하는 것이 아니므로 ②는 답이 될 수 없다.

정답 ①

16
어휘

benefit 이점 liability 불리한 점 composer 작곡가 burst 폭발
effective 효과적인 complete 성취하다 intention 의도
absorb 받아들이다 nuance 미묘한 차이 cohesive 결합시키는
separate 개별적인 element 요소

해석

짧은 형식의 노래는 작곡가에게 이점 또는 불리한 점이 될 수 있다. ① 한 가지 이점으로서, 이 형식은 작곡가들이 매우 효과적일 수 있는 창의성의 짧은 폭발로 음악적 스타일과 시를 전달할 수 있게 해 준다. ② 한 가지 불리한 점으로는, 이 형식은 너무 짧아서 작곡가가 그의 음악적 생각이나 의도를 성취하는 것이 어려울 수 있고, 듣는 사람이 그 스타일의 모든 미묘한 차이를 받아들이는 것이 어려울 수도 있다. ③ 듣는 사람은 또한 노래를 듣는 방법에 선택권이 있다; 그는 노래를 결합시킨 전체로 들으려 하거나 곡의 한두 가지 개별적인 요소들에 집중할 수 있다. ④ 이러한 이유로, 짧은 노래 작곡에 정통한 작곡가는 거의 없다. 확실히, 짧은 노래 작곡은 많은 훌륭한 작곡가에게 역사적으로 가장 먼저 선택되는 장르가 아니었다. 레이프 본 윌리엄스 같은 몇몇 작곡가만이 경력 초기에 짧은 형식의 노래에 집중했다.

해설

짧은 형식의 노래는 작곡가들에게 이점이 될 수도 있고 불리한 점이 될 수도 있다는 내용의 글로, 이점과 불리한 점을 나누어서 설명하고 있다. ①은 짧은 형식의 노래가 작곡가들에게 창의성의 폭발을 일으켜 효과적일 수 있다는 이점에 대해 이야기하고, ②에서는 형식이 너무 짧아서 작곡가의 의도를 곡에 전부 담아내는 것이나 듣는 사람이 모든 미묘한 차이를 받아들이기 어려울 수 있다고 불리한 점에 대해 이야기한다. ④에서는 앞에서 언급된 이유로 짧은 형식의 노래 작곡에 정통한 작곡가가 없었다고 이야기한다. 그러나 노래를 듣는 사람에게 노래를 듣는 방법에 대한 선택권이 있다는 내용의 ③은 글의 전체 흐름상 가장 어색하다.

정답 ③

17
어휘

overpopulation 인구 과잉 environmentalist 환경 운동가
population pressure 인구 과잉 destruction 파괴
biodiversity 생물 다양성 advocate 주장하다 strict 엄격한
expansion 팽창 natural resource 천연자원 deplete 고갈시키다
access 접근하다; 접근 ownership 소유 legitimize 정당화하다
authoritarian 독재적인

해석

환경 운동가들은 인구 과잉이 기후 변화와 지구 생물 다양성 파괴의 주요 원인이라고 오랫동안 주장해 왔다. (①) 이 견해를 가진 사람들은 제한된 천연자원을 보호하기 위해 급속한 인구 팽창이 있는 국가들에서 출산율의 엄격한 통제를 주장한다. (②) 그러나 다른 사람들은 인구 과잉이 문제가 아니라고 말한다. 그들은 선진국의 과도한 소비가 세계의 자원을 고갈시킬 뿐만 아니라, 개발도상국의 사람들이 자원에 접근하는 것을 막고 있다고 주장한다. (③) 1950년 이래로, 세계 인구의 가장 부유한 20퍼센트는 에너지, 육류, 산림, 금속의 소비를 두 배로, 자동차 소유를 네 배로 늘렸다. (④) 비평가들은 인구 조절 프로그램이 부유한 서방 국가들이 자원에 더 쉽게 접근할 수 있도록 하고, 또한 개발도상국과 그 국민에 대한 그들의 독재적 행동을 정당화한다고 주장한다.

해설

주어진 문장이 역접의 접속사 Yet으로 시작하므로, 이 문장의 앞에는 인구 과잉이 문제가 된다는 내용이 나오고, 이 문장의 뒤에는 인구 과잉이 아닌 다른 문제가 무엇인지 언급될 것으로 유추할 수 있다. 글의 처음 두 문장에서는 인구 과잉이 기후 변화와 지구 생물 다양성 파괴의 원인이므로 인구 팽창이 심한 국가에서 출산율을 통제해야 한다는 일반적인 통념이 소개된다. 그리고 ②의 뒤에서 선진국의 과도한 소비가 자원 고갈의 원인이고 개발도상국 사람들의 자원 접근을 방해한다고 말한다. 즉, ②의 앞에서는 인구 과잉이 문제라고 주장하고 ②의 뒤에서는 인구 과잉이 아닌 선진국의 과도한 소비가 문제라고 주장하고 있다. 따라서, 주어진 문장이 들어갈 위치로 가장 적절한 곳은 ②이다.

정답 ②

18
어휘

relatively 상대적으로 rare 희귀한 crust 지각
unreactive 화학 반응을 일으키지 않는 combine with ~와 결합하다
element 원소 native 본래의 sulphur 황 mineral ore 광석
chemical reaction 화학 반응 work 가공하다 smith 대장장이
craftspeople 공예가 millennium (pl. millennia) 천 년

해석

금은 상대적으로 희귀한 금속이다: 지구의 지각에는 금보다 약 4백만 배 더 많은 철이 있다. (C) 그러나 금은 7천 년 이상 동안 대장장이와 공예가들에게 가공되어 왔지만, 철기 시대는 겨우 기원전 1,200년경에 시작되었고 철의 사용은 로마 시대가 되고 나서야 흔해지게 되었다. (A) 그 이유는 단순하다: 금은 화학 반응을 일으키지 않기 때문에, 지상의 다른 원소들과 쉽게 결합하지 않고 '본래의' 원소 형태로 존재하는 경향이 있다. 어디를 찾아봐야 할지 알고 있다면 당신은 지구에서 금을 골라낼 수 있다. (B) 이와 대조적으로, 철은 산소와 황 같은 원소와 결합하여 광석이 된다. 그 금속은 다른 원소들을 몰아내는 화학 반응에 의해서만 자유로워질 수 있다.

해설

주어진 문장에서 금은 희귀한 편이어서 지구의 지각에는 철이 금보다 약 4백만 배 더 많다고 설명한다. 뒤이어 역접의 접속사 Yet으로 시작되는 (C)에서는 비록 금은 매장량이 적지만 가공되어온 역사는 철보다 훨씬 오래되었다고 말한다. 그다음으로 (A)에서는 그 이유로, 금은 화학 반응을 일으키지 않고 본래의 원소 형태로 존재하기 때문에 채굴도 쉽다는 점을 이야기한다. 마지막으로 (B)에서는 금과 대조적으로 철은 산소와 황 같은 원소와 결합해서 광석이 되고 화학 반응을 통해서만 자유로워질 수 있다고 했다. 즉, 매장량이 적더라도 금은 금 자체로 존재하므로 발견하기가 쉬워 일찍부터 사용되었지만, 철은 매장량이 많아도 다른 물질과 결합되어 있어 발견이 어려워 나중에 가서야 사용되었다는 내용이다. 따라서 글의 순서로 가장 적절한 것은 ③ (C) - (A) - (B)이다.

정답 ③

19
어휘

scattered 산재한 comment 언급 destructive 파괴적인
civilization 문명 in the name of ~라는 미명 아래 employ 이용하다
passion 열정 cure 치료하다

해석

종교가 인간 문명에서 파괴적인 힘이라는 언급이 도킨스의 글 전반에 걸쳐 산재해 있다. 분명히, 인간은 종교라는 미명 아래, 때때로 다른 인간에게 엄청난 고통과 죽음을 야기해 왔다. 하지만, 과학 또한 물리학자, 생물학자, 그리고 화학자에 의해 만들어진 많은 파괴적인 무기로, 특히 20세기에 그렇게 해 왔다. 과학과 종교 모두 선과 악을 위해 이용될 수 있다. 중요한 것은 바로 그것들이 인간에 의해 어떻게

사용되는가이다. 인간이 질병을 치료하고, 농업을 개선하며, 물질적 편안함과 의사소통의 속도를 증가하려고 과학을 이용해온 것처럼, 인간은 때로는 종교적 열정에 이끌려 학교와 사원을 세우고, 시와 음악을 창조해왔다.
② 과학이 종교에 얼마나 많이 개방되어 있는가
③ 그것들이 우리에게 피해를 끼치는 정도
④ 왜 과학자들이 그것들 사이의 관계를 연구하는가

해설
중심 소재는 인간에 이용되는 종교와 과학이다. 빈칸 이전에는 인간은 과학과 종교를 이용하여 다른 사람들에게 고통을 야기하고 죽음을 주었다고 말한다. 그리고 종교와 과학 모두 선과 악을 위해 이용될 수 있다고 말한다. 빈칸 이후에는 인간이 과학과 종교를 좋은 방향으로 이용하는 내용이 나온다. 따라서 빈칸에는 ① '그것들이 인간에 의해 어떻게 사용되는가'가 들어가야 한다.

정답 ①

20

어휘
be associated with ~와 연관되어 있다   component 요소
overlook 간과하다   chronic 고질적인   hypertension 고혈압
diabetes 당뇨   depression 우울증   vulnerable 취약한
infection 감염   incorporate 결합하다   mindfulness 명상
resilience 회복력   navigate 다루다   overstate 과장하다
dietary supplement 건강보조식품   check-up 건강 검진

해석
좋은 건강은 종종 정기적인 운동, 균형 잡힌 식단, 충분한 수면과 연관되어 있다. 이것들이 필수적인 요소이기는 하지만, 정신 건강은 동등하게 중요하지만 때때로 간과된다. 고질적인 스트레스는 관리되지 않으면 고혈압, 당뇨, 심지어 우울증 같은 심각한 건강 문제로 이어질 수 있다. 연구는 스트레스가 면역체계를 약화시키고 신체를 감염증과 질병에 더 취약하게 만든다는 것을 보여준다. 명상, 숨 깊이 들이쉬기, 요가와 같은 신체적인 활동 등의 스트레스를 줄여주는 실천을 결합하는 것은 스트레스 수준을 줄여주고 전반적인 건강을 향상시킨다. 이러한 실천들은 신체적인 건강을 증진시킬뿐 아니라 감정적인 회복력을 조성해서 사람들이 매일의 도전을 더 효과적으로 다룰 수 있게 도와준다. 스트레스 관리의 중요성은 과장될 수 없다.
① 신체적인 건강
③ 건강보조식품
④ 정기적인 건강 검진

해설
두 번째 문장에서 정신 건강이 간과된다고 말하며, 이어 스트레스가 관리되지 않으면 질병에 취약해질 수 있다고 말한다. 이후 이를 극복하는 방법과 그 효과를 설명하고 있다. 전반적으로 스트레스 관리 방법에 대해 이야기하고 있으므로 빈칸에는 ② '스트레스 관리'가 들어가야 한다.

정답 ②

제4회 실전동형 모의고사 Vol.2

01	③	02	②	03	④	04	③	05	④
06	①	07	④	08	②	09	④	10	①
11	③	12	①	13	③	14	③	15	②
16	②	17	④	18	④	19	②	20	①

01

어휘
decision-making 의사 결정   assume 가정하다   individual 개인
behave 행동하다   manner 방식   frequently 자주
impulsive 충동적인   irresistible 거부할 수 없는   emotional 감정적인
rational 이성적인   charitable 자선의

해석
대부분의 의사 결정 모델은 개인이 이성적 방식으로 행동한다고 가정한다; 하지만 이는 그들이 충동적인 선택을 자주 한다는 점을 고려하지 않는다.

정답 ③

02

어휘
interaction 상호 작용   excessively 과도하게   filler word 군말
repetitive 반복적인   disrupt 방해하다   amuse 즐겁게 하다
irritate 짜증 나게 하다   represent 대표하다   sustain 지탱하다

해석
언어 상호 작용에서 특정 언어 패턴이 과도하게 사용될 때 청자를 짜증 나게 할 수 있는데, 가령 대화 흐름을 방해하는 군말이나 반복적인 문구들이다.

정답 ②

03

어휘
unexpected 예상하지 못한   arise 일어나다

해석
아무리 그녀가 자신의 여행을 조심스럽게 계획을 했어도, 예상하지 못한 문제들이 항상 일어났다.

해설
문법 포인트 주요 양보구문 복합관계사를 이용한 양보구문이다. however는 부사이므로 뒤에 형용사나 부사가 이어져야 한다. plan이 자동사이므로 절이 완전하며 부사인 carefully가 수식해야 한다. 따라서 ④ carefully she planned가 들어가야 한다. ③의 경우 However가 수식하는 것은 분리될 수 없으므로 답이 될 수 없다.

정답 ④

04

어휘
release 발표하다   Act 법률   livelihood 생계   security 안정
achieve 달성하다   reduction 축소   empower 능력을 주다

04회 19

labour standard 노동 기준   protection 보호   cover 적용되다
account for (~의 비율을) 차지하다   percentage 비율

해석
가난한 사람들의 생계 안정을 향상시키는 것을 목표로 하는 최근에 발표된 법률은 빈곤의 축소와 여성에게 경제적으로 그리고 사회적으로 능력을 주는 데 어느 정도 성공을 달성했다. 이것들은 성공 이야기의 단지 일부이다. 마음에 새겨야 할 중요한 것은 노동 기준과 사회적 보호가 공식적인 경제 안에서 고용된 사람들뿐만 아니라 특히 수입이 낮은 국가들과 수입이 중간 정도인 국가들에서 적극적으로 경제 활동하는 인구의 많은 비율을 차지하는 비공식적인 일을 하는 사람들에게도 적용되어야 한다는 것이다.

해설
③ 문법 포인트 현재분사 vs. 과거분사 과거분사 employed가 명사인 people을 수식하고 있다. employ가 타동사로 '고용하다'라는 뜻인데 의미상 고용되다라는 수동의 의미이므로 과거분사로 바르게 쓰였다.
① 문법 포인트 주어 - 동사 수 일치 have achieved의 주어는 The recently released Act로 단수이다. 따라서 have를 has로 고쳐야 한다. (have → has)
② 문법 포인트 명사절 접속사의 선택 불완전자동사 is의 보어로 what이 이끄는 명사절이 쓰였다. what 이후의 절은 불완전해야 하는데 완전한 절이 왔으므로 what은 that으로 고쳐야 한다. (what → that)
④ 문법 포인트 비교대상의 일치 비교의 대상은 일치해야 한다. that은 앞의 people을 받는 대명사로 people이 복수이므로 복수인 those가 되어야 한다. (that → those)

정답 ③

05
어휘
Declaration of Independence 독립선언서   arose 불러일으키다
unity 단결   colony 식민지   Revolutionary War (미국) 독립 전쟁
at cost 비용을 지불하고   require 요구하다   immense 막대한
sacrifice 희생   resilience 회복력   colonist 식민지 주민
govern 통치하다   ultimately 궁극적으로   foundation 기초
lasting 지속하는   democracy 민주주의

해석
독립선언서는 독립 전쟁 동안 미국 식민지들 사이에 강력한 단결심을 불러일으켰다. 자유를 위한 기회는 막대한 비용을 지불하고 제공되었기에 막대한 희생과 회복력을 요구했다. 그러나 많은 식민지 주민들에게 국가의 미래에 대한 명확한 비전 없이는 전투를 벌여도 소용이 없었다. 토마스 제퍼슨과 같은 지도자들은 단순히 전쟁에서 승리하는 것보다 계획을 잘 세우고 통치하는 것이 낫다고 믿었고, 이는 궁극적으로 지속하는 민주주의의 기초를 보장했다.

해설
④ 문법 포인트 비교대상의 일치 가주어 it의 진주어인 to plan and govern과 비교되는 것이므로 winning을 to win으로 고쳐야 한다. to부정사가 접속사로 연결되는 경우 뒤의 to는 생략할 수 있으므로 simply win으로 고칠 수도 있다. 부정사는 부사가 수식할 수 있다. (simply winning → simply to win/simply win)
① 문법 포인트 혼동하기 쉬운 동사의 불규칙 변화 뒤에 목적어인 a strong sense of unity가 있으므로 타동사인 arouse의 과거형인 aroused가 옳게 쓰였다.
② 문법 포인트 동사의 유형별 수동태 4형식 수여동사인 offer는 목적어가 두 개이므로 두 개의 수동태가 가능하다. 직접목적어가 수동태가 되면 간접목적어 앞에는 to를 넣어야 한다. 따라서 수동태가 바르게 쓰였다.
③ 문법 포인트 준동사 주요 표현 '~하는 것이 소용없다'라는 말은 「It is no use -ing」 형태로 표현한다. 따라서 fighting이 올바른 형태이다.

정답 ④

06
어휘
meal 식사   leave out ~을 빼다   make sure 확실하게 하다
receipt 영수증   pick up ~을 태워주다   promotion 판촉 활동

해석
A: 이봐, 나 곧 패스트푸드점에서 음식을 좀 주문할 거야. 너 뭐 사다 줄까?
B: 음... 치즈버거 식사 세트와 애플파이 사다 줘.
A: 알겠어. 그게 다야?
B: 피클은 빼달라고 확실히 말해줘. 그들은 빼는 것을 항상 잊어버려.
A: 알겠어. 이따 봐.

② 영수증 챙기는 거 잊지 마
③ 곧 너 데리러 갈게
④ '1 + 1' 판촉 활동을 하는 중이야

정답 ①

07
어휘
appointment 예약   mix-up 착각   reschedule 일정을 변경하다
available 일정이 가능한   make sure 반드시 ~하다
double-check 이중으로 확인하다   book 예약하다
check with ~을 확인하다

해석
접수원: 안녕하세요, John Smith 씨, Carter 의사 선생님 사무실의 Emily입니다. 오늘 오전 10시에 예약되어 있었는데 못 뵈었어요. 무슨 일 있나요?
John Smith: 이런! 제 예약이 내일인 줄 알았어요. 착각해서 정말 미안해요.
접수원: 괜찮습니다. 일정을 변경하시죠. 오늘이 목요일이니까 내일은 어떨까요?
John Smith: 이번주 금요일 오전이나 다음 주 초에 일정이 가능합니다.
접수원: 내일 같은 시간으로 일정을 변경하시죠.
John Smith: 완벽하네요! 이번에는 달력을 이중으로 확인해볼게요.

① 새로운 예약은 목요일 오전 10시입니다
② 금요일 아침은 이미 예약이 꽉 찼습니다
③ 먼저 저희 일정을 확인해보겠습니다

정답 ④

[08-09]
어휘
urgent 긴급한   reminder 독촉장   appreciate 감사하다
trust 신뢰   insurance 보험
be committed to -ing ~에 최선을 다하다   reliable 신뢰할 수 있는
coverage 보장   policy 보험증권   active (법률) 유효한
draw one's attention to ~로 주의를 돌리게 하다   payment 결제
outstanding 미납의   due date 만기일
keep up with (지불금을) 꼬박꼬박 내다   timely 제때의

uninterrupted 중단없는   coverage 보장   security 안정성
lapse (계약) 실효   secure 안전한   via ~을 통하여   transfer 이체
assistance 지원   in error 잘못하여   reach out to ~에게 연락하다
prompt 신속한   attention 관심   matter 문제
unpaid 지불되지 않은   balance 잔금   prominent 두드러진
resolved 해결된   mediocre 보통의   overdue 지불 기한이 지난

해석

수신: Don McArthur
발신: Emma Smith
날짜: 2025년 4월 10일
제목: 긴급 독촉장

친애하는 McArthur 씨,

SecureLife 보험에 대한 고객님의 신뢰에 감사드립니다. 저희는 고객님의 안심을 위해 신뢰할 수 있는 보장과 지원을 제공하기 위해 최선을 다하고 있습니다.
보험이 계속 유효한 상태를 유지할 수 있도록 미결제된 것으로 보이는 최근 결제에 고객님이 주의를 기울이기를 원합니다:
미납 금액: 200.00달러
만기일: 2025년 3월 25일

제때 결제를 꼬박꼬박 내는 것이 중단 없는 보험 보장과 보험증권의 지속적인 안정성을 보장합니다. 보장의 실효를 피하려면 4월 25일까지 결제해 주시기 바랍니다. 결제는 안전한 온라인 포털을 통하거나, 은행 송금을 통해 또는 저희 고객 서비스 팀에 연락하여 지원을 받을 수 있습니다.
이미 결제를 완료했거나 이 메시지가 잘못 전송되었다고 생각되는 경우 (123) 456-7890으로 연락하거나 이 이메일에 회신해 주시기 바랍니다.
이 중요한 문제에 대한 신속한 관심에 감사드립니다.

따뜻한 안부를 전하며,
Emma Smith
고객 관계 관리자
SecureLife 보험

08

① 고객에게 결제 날짜에 대해 알려주려고
② 고객에게 미결제 잔액을 상기시켜주려고
③ 신제품을 홍보하려고
④ 제때 지불해 준 것에 감사하려고

해설
08
두 번째 문단에 미납금이 있음을 알리고, 세 번째 문단에 결제해 달라고 하고 있으므로 글의 목적으로 가장 적절한 것은 ② '고객에게 미결제 잔액을 상기시켜주려고'이다.

정답 08 ② 09 ④

[10-11]
어휘
navigate 헤쳐나가다   misunderstanding 오해   conflict 갈등
trust 신뢰   connection 관계   empathy 공감   session 시간
experienced 노련한   adolescent 청소년   psychologist 심리학자
specialize in ~을 전문으로 하다   dynamics 역학   auditorium 강당
technique 기술   recognize 인정하다   validate 확인하다
resolution 해결   handle 처리하다   disagreement 이견
constructively 건설적으로   encourage 장려하다   openness 개방성
judgment 판단   psychological 심리의   assessment 검사
optional 선택적인   advanced 고급의   detailed 자세한
analysis 분석   nominal 소액의   fee 수수료   registration 등록
required 필수적인   reserve 예약하다   spot 자리   parenting 육아
empower 능력을 주다

해석

(A) 효과적인 부모-청소년 의사소통을 위한 가교

10대 시절을 헤쳐 나가는 것은 부모와 자녀 모두에게 힘겨울 수 있습니다. 이 시기는 종종 오해와 갈등을 불러일으키기 때문에 강력한 의사소통이 그 어느 때보다 중요합니다. 부모가 공감과 효과적인 전략을 통해 청소년과 신뢰와 관계를 구축할 수 있도록 설계된 워크숍에 참여하세요. 이 시간은 가족 역학을 전문으로 하는 노련한 청소년 분야 심리학자가 주도합니다.

세부 사항
• 날짜: 2025년 3월 27일 수요일
• 시간: 오후 6시 – 오후 8시 30분
• 위치: Riverdale 고등학교 강당

배울 내용
• 공감 우선: 청소년의 감정을 인정하고 확인하기 위한 기술.
• 갈등 해결: 이견을 건설적으로 처리하기 위한 전략.
• 의사소통 도구: 판단 없이 개방성을 장려하는 방법.

특별한 혜택
• 학부모를 위한 무료 기본 심리 검사가 제공될 것이며, 반면에 자세한 분석이 포함된 선택적인 고급 검사는 소액의 수수료로 이용 가능합니다.

등록
등록은 무료이지만 필수입니다. www.riverdaleparenting.org에서 자리를 예약하거나(555) 678-9101로 전화하세요.

10
② 디지털 시대의 효과적인 육아
③ 더 나은 상호 작용을 위한 의사소통 정복하기
④ 청소년에게 학교에서 뛰어날 수 있는 능력 주기

해설
10
첫 두 문장에서 중심 소재가 청소년 자녀와 부모의 의사소통임을 알 수 있고, 세 번째 문장에서는 부모가 십 대들과 신뢰와 관계를 구축할 수 있게 돕는 워크숍에 참여하라고 초대하고 있고 세 가지 배울 내용을 제시하고 있다. 따라서 글의 제목

으로 가장 적절한 것은 ① '효과적인 부모-청소년의 의사소통을 위한 가교'이다.

11

③ <특별한 혜택>에서 기본 심리 검사는 무료로 제공된다고 했으므로 글의 내용과 일치하지 않는다.
① 첫 문단의 마지막 문장에서 가족 역학을 전문으로 하는 노련한 청소년 분야 심리학자가 행사를 이끌 것이라고 하므로 글의 내용과 일치한다.
② <배울 내용>의 '의사소통 도구'에서 판단 없이 개방성을 장려하는 방법을 배운다고 하므로 글의 내용과 일치한다.
④ <등록>에서 워크숍은 무료이지만 등록이 필요하다고 하므로 글의 내용과 일치한다.

정답 10 ① 11 ③

12

어휘

spectator 관중   mass 대중의   long-held 장기간 지속된
reputation 명성   pastime 오락   accommodate 수용하다
affluent 부유한   ply (음식, 술 등을) 권하다
luxury suite 호화 특별관람석   alternatively 그게 아니면   action 경기
50-yard line (미식축구) 50야드 라인: 경기에서 필드와 아주 가까운 관람석
modestly 저렴하게   bleacher (야구) 외야석
end zone (미식축구) 엔드 존: 경기장 양 끝의 골라인과 엔드 라인 사이의 구역

해석

흔히 근로자의 게임으로 생각되는 프로 야구는 모든 사회 계층으로부터 관중을 끌어들이고, 이 대중적 매력이 미국의 국가적 오락이라는 그것의 장기간 지속된 명성에 이바지하였을 것이다. 마찬가지로, 프로 미식축구는 모든 임금 수준의 관중을 끌어들인다. 아마도 야구 경기장과 미식축구 경기장이 모든 경제 수준의 팬들을 수용할 수 있다는 사실이 그것들의 매력을 더할 것이다. 부유한 관중들은 한 게임에 수천 달러인 호화 특별관람석에서 자신들의 손님들에게 음식과 음료를 권할 수 있다; 그게 아니면 홈플레이트 뒤나 50야드 라인에서 경기 바로 옆에 앉아 보는 것을 선택할 수도 있다. 한편, 같은 경기에서 덜 부유한 관중들은 더 저렴한 가격의 외야석, 엔드 존, 또는 위층 관람석 좌석을 구매할 수 있다.
① 다양한 경제적 지위의 사람들을 위한 관중 스포츠
② 프로페셔널리즘이 관중 스포츠에 미치는 부정적 영향
③ 사회 계층과 관련된 스포츠 참여 양상
④ 프로 스포츠에 반영되는 사회 계층 갈등

해설

프로 야구와 프로 미식축구라는 중심 소재를 소개하고, 두 개의 관중 스포츠가 어떻게 미국에서 모든 국민이 즐기는 국민 오락으로 오랫동안 자리 잡을 수 있는지를 설명하는 첫 두 문장이 주제문이다. 모든 사회 계층의 팬들을 끌어들이는 대중적 매력은 모든 경제 수준의 팬들을 수용할 수 있는 경기장에 의해 더해진다고 한다. 따라서 글의 주제로 가장 적절한 것은 ① '다양한 경제적 지위의 사람들을 위한 관중 스포츠'이다. 글의 내용이 관중 스포츠에만 국한되므로 스포츠 참여를 언급한 ③은 주제가 될 수 없다.

정답 ①

13

어휘

cultural treasure 문화적 보물   destruction 파괴   heritage 유적, 유산
natural disaster 자연재해   armed conflict 무력 충돌
urban development 도시 개발   prioritize 우선시하다
significance 중요성   representation 반영   preserve 보존하다
maintain 유지하다   cultural identity 문화적 정체성   foster 촉진하다
tourism 관광   protective measure 보호 조치   tragedy 비극
resolve 해결하다   restoration 복원   deploy 배치하다
assess 평가하다   emergency 비상   reckless 무분별한
conservation 보존   urgent 긴급한

해석

위험에 처한 문화적 보물
수년간 자연재해, 무력 충돌, 도시 개발로 야기된 유적지가 파괴가 우려를 불러일으키고 있다. 이에 대응하여 유네스코는 세계유산 보호를 우선시하고, 문화적 가치의 대표로서 그 중요성을 인식하고 있다. 이러한 장소를 보존하는 것은 문화적 정체성 유지뿐만 아니라 교육을 촉진하고 관광을 지원하는 데에도 필수적이다.

고대 도시 팔미라
시리아의 고대 도시 팔미라는 무력 충돌로 인해 광범위한 피해로 고통받았다. 이 손실은 유사한 비극을 막기 위한 더욱 강력한 보호 조치의 필요성에 대한 국제적 관심을 불러일으켰다.

보존을 위한 전 세계 차원의 전략
이 문제를 해결하기 위해 유네스코는 재정 지원을 제공하고, 복원 프로젝트를 이끌며, 피해를 평가하기 위해 팀을 배치한다. 또한, 지역 정부 및 전문가와의 협력은 이러한 유적지를 미래 세대를 위해 보호하는 데 중요한 역할을 한다.

① 유네스코는 긴급 대응팀을 통해 세계유산 복구를 지원한다.
② 유네스코는 무분별한 개발과 무력 충돌로 인한 문제를 해결한다.
③ 유네스코는 문화적 정체성과 유적의 보존에 중점을 둔다.
④ 유네스코는 국가 간 긴급한 협력의 필요성에 관심을 끌어낸다.

해설

이 글은 유네스코의 세계유산 보존 노력을 중심으로 하고 있다. 첫 번째 단락에서는 자연재해, 전쟁, 도시 개발로 인해 문화유산이 파괴되는 문제를 제기하며 이를 보존하는 것이 문화적 정체성 유지와 교육 및 관광 지원에 중요하다고 강조한다. 두 번째 단락에서는 시리아의 팔미라 사례를 통해 더 강한 보호 조치의 필요성을 상기시킨다. 마지막 단락에서는 유네스코가 재정 지원, 복원 프로젝트, 팀 배치 등을 통해 문제를 해결하려고 노력하고 있음을 설명한다. 따라서 정답은 ③ '유네스코는 문화적 정체성과 유적의 보존에 중점을 둔다.'가 가장 적절하다.

정답 ③

14

어휘

interruption 중단   maintenance 유지보수
affected area 영향받는 구역   store 저장하다   essential 필수적인
hygiene product 위생용품   restore 복구하다   immediately 즉시
inconvenience 불편

해석

주민 여러분,

수도관에 대한 필요한 수리와 정기적인 유지보수를 위해 수돗물 공급이 일시적으로 중단될 예정임을 알려드립니다. 아래 세부사항을 확인하시고, 그에 따라 불편을 최소화할 수 있도록 준비해 주시기 바랍니다.

- 중단 날짜 및 시간: 2025년 1월 10일 오전 9시부터 오후 4시까지
- 중단 사유: 수도관 수리 및 정기 유지보수

• 영향받는 구역: 1, 3, 5동

수돗물 공급이 중단되는 동안 마실 물과 기타 필수 용도로 사용할 충분한 물을 미리 저장해 두시기 바랍니다. 욕실이나 주방에서 물을 사용할 수 없으므로, 물티슈나 손 소독제와 같은 위생용품을 준비하시길 권장드립니다. 작업이 완료되는 즉시 수돗물 공급은 복구될 예정입니다.

불편을 드려 죄송하며, 작업을 가능한 한 신속히 완료하도록 최선을 다하겠습니다. 협조에 감사드립니다.

① 수돗물 공급이 배관 수리와 유지보수를 위해 일시적으로 중단될 것이다.
② 수돗물 공급 중단은 7시간 동안 지속될 것이다.
③ 주민들은 중단 기간 동안 위생용품을 준비할 것이 권장된다.
④ 수리가 완료된 후 정상적인 수돗물 공급이 복구되는 데 시간이 걸릴 것이다.

해설

④ 세 번째 문단 세 번째 문장에서 작업이 완료되면 수돗물 공급이 즉시 복구될 예정이라고 했으므로 글의 내용과 일치하지 않는다.
① 첫 번째 문단 첫 번째 문장에서 수돗물 공급이 필수적인 수리와 정기 유지보수를 위해 일시적으로 중단될 예정이라고 했으므로 글의 내용과 일치한다.
② '중단 날짜 및 시간' 항목에서 '2025년 1월 10일 오전 9시부터 오후 4시까지'라고 했으므로 글의 내용과 일치한다.
③ 세 번째 문단 두 번째 문장에서 물티슈나 손 소독제와 같은 위생용품을 준비할 것을 권장한다고 했으므로 글의 내용과 일치한다.

정답 ④

15

어휘

transform 바꾸다   seamless 매끄럽게   intelligent 지능이 있는
convenience 편리함   control 제어   operation 작동
advanced 고급의   voice recognition 음성인식   adapt 조정하다
unique 고유한   intuitive 직관적인   personalized 개인화된
custom routine 고객 루틴   automate 자동화하다   task 작업
enforce 시행하다   security measure 보안 조치   robust 강력한
encryption 암호화   flexible 유연한   integrate 통합하다
platform 플랫폼   cohesive 통합된   interconnected 상호 연결된
ensure 보장하다

해석

NovaEdge Smart Hub

NovaEdge Smart Hub는 편리함과 제어력을 극대화하기 위해 디자인된 지능적 기능을 매끄럽게 결합하여 당신의 일상을 변화시킵니다. 고급 음성인식에 의해 구동되는 핸즈프리 작동을 통해 당신의 스마트 기기들을 손쉽게 제어하세요. NovaEdge는 직관적이고 개인화된 경험을 위해 당신의 고유한 선호도에 맞게 조정됩니다. 당신의 생활방식에 맞춰 조명이나 온도를 조정하는 것에서부터 보안 조치를 실행하는 것까지 고객 맞춤 루틴을 생성하고 작업을 자동화할 수 있습니다. 사용자가 직접 제어할 수 있는 강력한 데이터 암호화와 유연한 보안 옵션을 통해 마음의 평화를 제공합니다. NovaEdge Smart Hub는 다양한 스마트 기기 및 플랫폼과 매끄럽게 통합되도록 설계되어 당신의 기기 생활 전반에 걸쳐 통합적이고 상호 연결된 경험을 보장합니다.

① 고급 음성 인식 기술을 활용하여 핸즈프리로 작동한다.
② 공용 사용을 위해 설계된 표준화된 루틴을 제공한다.
③ 강력한 암호화와 유연한 보안 옵션을 통해 제어를 보장한다.
④ 다양한 스마트 기기와 매끄럽게 통합된다.

해설

② 세 번째 문장에서 직관적이고 개인화된 경험을 위해 당신의 고유한 선호도에 맞게 조정된다고 했고 네 번째 문장에서 고객 맞춤 루틴을 생성한다고 했으므로 글의 내용과 일치하지 않는다.
① 두 번째 문장에서 고급 음성 인식 기술로 지원되는 핸즈프리 작동을 통해 스마트 기기를 손쉽게 관리할 수 있다고 했으므로 글의 내용과 일치한다.
③ 다섯 번째 문장에서 강력한 데이터 암호화와 유연한 보안 옵션을 통해 마음의 평화를 제공한다고 했으므로 글의 내용과 일치한다.
④ 여섯 번째 문장에서 다양한 스마트 기기 및 플랫폼과 매끄럽게 통합되도록 설계되었다고 했으므로 글의 내용과 일치한다.

정답 ②

16

어휘

usher in ~의 도래를 알리다   widespread 광범위한
symbolic 상징적인   transmit 전달하다
at a great distance 멀리 떨어져서   relatively 상대적으로
rarely 거의 ~않는

해석

지난 20년간의 기술의 변화는 통신의 신세계의 도래를 알렸다. ① 휴대폰, 이메일, 문자 메시지, 이모티콘 및 페이스북, 인스타그램과 같은 소셜 네트워킹 사이트의 광범위한 사용은 사람들이 사용하는 언어뿐 아니라 완전히 새로운 의사소통 방식까지도 만들었다. ② 언어는 사람들이 의사소통하고 문화를 전달하기 위해 사용하는 복잡한 상징체계이다. ③ 예를 들어, 20년 전에는, 서로 멀리 떨어져 살았던 사람들이 상대적으로 거의 의사소통을 하지 않았다. ④ 오늘날, 그러한 사람들은 전화로 말하고 서로의 웹사이트를 방문하면서, 매일 여러 번 의사소통을 할 수 있다.

해설

중심 소재는 의사소통 방식이며, 첫 번째 문장이 주제문이다. ①은 기술 변화로 인해 생겨난 새로운 의사소통 방식이고, ③과 ④는 이런 의사소통 방식이 없던 과거와 방식이 있는 현재를 예시로 들어 이러한 새로운 의사소통 방식에 대해 좀 더 자세히 설명하고 있다. 그러나 ②는 언어가 무엇인지에 대해 이야기하고 있으므로 흐름상 어색하다.

정답 ②

17

어휘

rearrange 재배열하다   complex 복잡한   pile up 쌓다
consistent 일관성 있는   accuracy 정확성   acquire 얻다
notion 개념   on the contrary 정반대로   remarkable 놀라운
spontaneously 자발적으로   impose 강요하다   concept 개념
prematurely 너무 이르게   verbal 언어적인   correctly 정확하게
in a row 일렬로   grasp 이해하다

해석

아이가 수의 개념과 다른 수학적 개념을 단지 교육으로부터 습득한다고 생각하는 것은 큰 착각이다. 정반대로, 그는 놀랄 정도로 독립적으로 그리고 자발적으로 스스로 그것들을 발전시킨다. (①) 어른들이 너무 이르게 아이에게 수학적 개념을 강요하려고 할 때, 그의 학습은 단지 언어적일 뿐이다; 그것들(수학적 개념)에 대한 진정한 이해는 그의 정신적 성장과 함께 온다. (②) 이것은 간단한 실험에 의해 쉽게 알 수 있다. (③) 5세나 6세의 아이는 부모로부터 1에서 10까지의 숫자

이름을 말하는 것을 쉽게 배울 수 있고, 10개의 돌이 일렬로 놓여있다면 그는 그것들을 정확하게 셀 수 있다. (④) 그러나 그것들(돌들)이 더 복잡한 모양으로 재배열되거나 쌓여있으면, 그는 더 이상 일관된 정확도로 그것들을 셀 수 없다. 아이는 숫자의 이름을 알고 있지만, 아직 숫자의 본질적인 개념을 이해하지 못했다.

해설

주어진 문장에서 더 복잡한(more complex) 모양으로 재배열되거나 쌓여있는 경우에 더 이상 정확하게 셀 수 없다고 했으므로, 주어진 문장 앞에는 덜 복잡한 상태로 배열되어 있는 경우와 정확하게 세는 것에 대한 내용, 뒤에는 이에 대한 부연 설명이 나와야 함을 유추할 수 있다. ④ 앞에서 돌을 일렬로 놓았을 때, 아이가 1에서 10까지 정확히 셀 수 있다고 했고, 주어진 문장에서 But으로 이어져 앞과 상반된 상황으로 돌을 복잡한 모양으로 놓았을 때, 아이들이 수를 정확히 세지 못하는 것을 언급했고 뒤에서는 이에 대한 원인을 언급했으므로, 주어진 문장이 들어갈 가장 적절한 곳은 ④이다.

정답 ④

18

어휘

rather than ~보다는 ideal 이상적인 productivity 생산성
distraction 산만함 overcrowded 너무 붐비는 hinder 방해하다
suit 적합하다 isolation 고립 social connection 사회적 연결
sense of community 공동체 의식 direct 직접적인
interaction 상호작용 atmosphere 분위기
background noise 배경 소음 aroma 향기 conducive 도움이 되는
creativity 창의성

해석

점점 더 많은 사람들이 집이나 도서관 대신 커피숍에서 공부하거나 일하는 것을 선택하고 있다. (C) 주요 이유 중 하나는 커피숍이 제공하는 분위기다. 배경 소음, 따뜻한 조명, 갓 내린 커피의 향이 집중과 창의력을 돕는 환경을 만들어 준다. (B) 게다가 커피숍은 고립과 사회적 연결 사이의 균형을 제공한다. 공부하거나 일하고 있는 다른 사람들이 주변에 있는 것은 직접적인 상호작용 없이도 공동체 의식을 느끼게 한다. (A) 하지만 커피숍이 항상 생산성에 이상적인 것은 아니라고 주장하는 사람들도 있다. 대화, 시끄러운 음악, 또는 너무 붐비는 공간과 같은 방해 요소들이 때때로 집중을 방해할 수 있다. 이러한 이유로 커피숍은 모든 사람의 작업이나 공부 스타일에 적합하지 않을 수 있다.

해설

주어진 문장은 커피숍에서 공부하거나 일하는 경향에 대해 설명한다. 이에 대한 이유가 (C)의 One key reason과 (B)의 Moreover로 이어지며 설명된다. 일하거나 공부하는 데 커피숍이 선호되는 긍정적인 이유 두 가지가 (C)와 (B)에서 주어진 후, (A)에서는 However로 이어져, 이러한 커피숍이 오히려 생산성을 해칠 수 있다는 부정적인 내용으로 이어진다. 따라서 글의 순서로 가장 적합한 것은 ④ (C) - (B) - (A)이다.

정답 ④

19

어휘

on the outside 외관상 require 요구하다 sufficient 충분한
genetic 유전적인 individuality 개인적 특징 womb 자궁
come in all shapes and sizes 제각각이다 digestive 소화의
enzyme 효소 digestion 소화(력) absorb 흡수하다
nutrient 영양소 minute 미세한 profound 심오한

bottom line 요점

해석

마치 우리가 외관상 다르게 보이듯이, 우리 각자는 서로 다른 양의 다양한 비타민이 필요하다. 한 사람에게는 건강을 위해 하루 100mg의 비타민 C가 충분할 수도 있다; 다른 사람에게는 3,000이 필요할 것이다. 이러한 차이는 우리의 유전적 개인적 특징, 나아가 우리가 자궁에 있을 때의 서로 다른 조건과 우리가 성장할 때의 서로 다른 조건에서 생겨난다. 한 가지 사례로, 사람들의 위는 모양과 크기가 제각각이며, 어떤 사람들은 다른 사람들이 만드는 것보다 훨씬 더 많은 소화 효소를 만들어낸다. 소화력이 좋은 사람은 소화력이 좋지 않은 사람보다 영양소를 더 잘 흡수할 것이다. 이러한 차이는 신체에서 아주 미세한 수준으로 존재하지만, 우리의 건강과 질병 위험에 지대한 영향을 준다. 요점은 누구나 비타민과 미네랄이 필요하지만, 하나의 치수가 모두에게 맞는 것은 아니다라는 것이다.

① 땀 흘리지 않으면 꿀을 못 얻는다
③ 지나친 것은 모자라는 것만큼 나쁘다
④ 한 사람의 고기가 다른 사람에게는 독이다

해설

우리의 외모가 제각각이듯 개인마다 필요로 하는 영양분의 양이 다르다는 점을 선천적, 환경적 요인과 관련하여 설명하는 내용이다. 첫 번째 문장이 주제문이며, 뒤에서는 예시를 통해 이에 대한 부연 설명이 이어진다. 그리고 마지막 문장에서 격언으로 글 전체의 내용을 요약하고 있다. 이 격언을 채우는 유형의 문제이다. 따라서 빈칸에 들어갈 말로 가장 적절한 것은 누구나 필요한 영양분이 다를 수 있음을 의미하는 ② '하나의 치수가 모두에게 맞는 것은 아니다'이다.

정답 ②

20

어휘

automation 자동화 integral 필수적인 transform 변화시키다
simplify 단순화하다 benefit 이점 reduction 감소
physical bank branch 오프라인 은행 지점 access 접근하다
essential financial services 필수 금융 서비스 lack 부족하다
reliable 안정적인 device 기기 automated 자동화된
expert 전문가 literacy 문해력 assist 돕다 struggle 애쓰다
vulnerable 취약한 adapt 적응하다 traditional 전통적인
indifferent 무관심한

해설

자동화는 현대 사회의 필수적인 부분이 되어 산업을 변화시키고 일상적인 작업을 단순화했다. 비록 이러한 자동화가 엄청난 혜택을 제공하긴 하지만, 이는 종종 적응에 어려움을 겪는 취약 계층을 만들어 왔다. 예를 들어, 노인들은 레스토랑, 영화관, 슈퍼마켓의 셀프서비스 키오스크를 사용하는 데 어려움을 자주 겪는다. 더욱이, 물리적인 은행 지점과 ATM의 지속적인 감소는 노인들이 필수 금융 서비스에 접근하는 것을 더욱 어렵게 만들었다. 저소득층 가정 또한 이러한 문제의 영향을 받는데, 이들은 종종 안정적인 인터넷이나 현대적 기기를 사용할 수 있는 접근성이 부족하여 자동화 시스템의 혜택을 누리기 어렵다. 전문가들은 자동화 시스템에 어려움을 겪는 사람들을 돕기 위해 디지털 문해력 프로그램을 도입하는 것을 제안한다.

② 전통적인 방식에 의존하는 노년층
③ 그 이점에 무관심한 젊은 세대
④ 기업에 더 효율적인 자동화 시스템

해설

글의 중심소재는 자동화의 부정적인 측면이며, While을 통해 글의 전환이 발생하

는 두 번째 문장이 글의 주제문으로, 글의 주제문을 완성하는 유형의 문제이다. 주제문 뒤에 이어지는 부연설명을 통해 글의 빈칸을 추측할 수 있다. 부연 설명으로 키오스크 사용이나, 인터넷 뱅킹 등에 어려움을 겪는 노인 계층과, 인터넷의 안정성이나 현대적 기기에 대한 접근성이 부족해서 이러한 자동화의 과정에서 소외되는 저소득층에 대한 설명이 이어진다. 따라서 빈칸에는 이러한 자동화로부터 소외되는 계층에 대한 언급이 있어야 함을 알 수 있다. 따라서 정답은 ① '적응에 어려움을 겪는 취약 계층'이 가장 적절하다. 노인 인구만 언급한 것이 아니므로 ②는 답이 될 수 없다.

정답 ①

제 5 회 실전동형 모의고사 Vol.2

01	③	02	①	03	④	04	②	05	④
06	①	07	④	08	③	09	①	10	②
11	①	12	②	13	②	14	②	15	③
16	③	17	④	18	①	19	②	20	②

01

어휘

complex 복잡한   with ease 쉽게   talent 재능
superficial 피상적인   acquired 획득한   innate 타고난
artificial 인공적인

해석

복잡한 문제들을 쉽게 해결하는 그녀의 능력은 마치 그녀가 비판적 사고에 대한 천부적인 재능을 가지고 태어난 것처럼 거의 타고난 것처럼 보였다.

정답 ③

02

어휘

investigator 조사관   determine 결심하게 하다   uncover 밝혀내다
hidden 숨겨진   incident 사건   probe into ~을 조사하다
hide 숨기다   subside 가라앉다   integrate 통합되다

해석

조사관은 그 사건 뒤에 숨겨진 진실을 밝혀내기 위해 그 사건을 더 깊이 조사하기로 결심했다.

정답 ①

03

어휘

gain 갖추다   significant 상당한   expertise 전문성   area 분야
specialization 전문 분야

해석

훈련을 마칠 즈음에 그는 자신의 전문 분야에서 상당한 전문성을 갖추게 될 것이다.

해설

문법 포인트 시제 일치와 예외 미래를 표현할 때는 원칙적으로 미래 시제를 사용해야 하지만, 시간이나 조건의 부사절에서는 미래를 표현할 때 will 대신 현재 시제를 사용해야 한다. 또한, 주절이 미래완료인 경우, 미래의 기준 시제(부사구나 부사절이 제시하는 시점)보다 먼저 상황이 완료된다는 의미를 나타내므로 부사절에는 진행 시제를 쓰지 않는다. 따라서 정답은 ④ completes이다.

정답 ④

04

어휘

astrophysicist 천체물리학자   celestial body 천체   remote 먼
distance 거리   conventional 전통적인   observation 관찰

rely on ~에 의존하다   advanced 첨단의   telescope 망원경
analysis 분석   measurement 측정값   collect 수집하다
satellite 위성   design 설계하다   observe 관찰하다
deep-space 심(深)우주   phenomenon (pl. phenomena) 현상
comprehend 이해하다   vastness 광대함   universe 우주
span 포괄하다   galaxy 은하   contain 포함하다
breakthrough 획기적인 발전   cosmos 우주   remain ~로 남아 있다

해석

천체물리학자들은 전통적인 관찰로는 너무 먼 거리에 있는 천체를 자주 연구하며, 대신 첨단 망원경과 데이터 분석에 의존한다. 예를 들어, 심우주 현상을 관찰하기 위해 설계된 위성으로 새로운 측정값이 2년마다 수집된다. 인간이 지적이긴 하지만, 그들은 수십억 개의 은하를 포괄하며 각 은하가 수십억 개의 별을 포함하는 우주의 광대함을 이해하는 데 여전히 어려움을 겪고 있다. 비록 획기적인 발전이 이루어졌지만, 우주의 대부분은 여전히 미스터리로 남아 있다.

해설

② **문법 포인트** 부정대명사 '~마다'라는 의미를 나타낼 때는 「every + 기수 + 복수(기간) 명사」 또는 「every + 서수 + 단수(기간) 명사」로 표현한다. every 다음에 기수인 two가 있으므로 기간 명사는 단수인 year가 아니라 복수인 years가 되어야 한다. (every two year → every two years)

① **문법 포인트** 관사의 위치 특정한 부사가 형용사를 수식할 때 관사의 위치가 달라질 수 있는데, 「too, so, as, how + 형용사 + a/an + 명사」의 어순이 되어야 하는데 바르게 쓰였다.

③ **문법 포인트** 주요 양보구문 「(As) 명사(무관사)/형용사/부사/분사 + as/though + S + V」는 '비록 ~이지만'이라는 양보의 의미를 나타내는 구문이다. As가 생략된 양보 구문이 바르게 표현되었다.

④ **문법 포인트** 관계대명사의 선택 「부분사 + of + 관계대명사」의 어순이 하나의 명사구가 되어 관계절의 주어, 목적어, 또는 보어 역할을 할 수 있다. 선행사는 galaxies로, 은하 각각이라는 의미가 올바르게 표현되었다.

정답 ②

05

어휘

self-actualization 자기실현   describe 설명하다
represent 나타내다   stage 단계   psychological 심리적인
development 발달   achieve 이루다   safety 안전   esteem 존중
meet 충족하다   involve 포함하다   realize 실현하다
potential 잠재력   manifest 나타나다   fulfillment 성취감
attain 얻다   authentically 진정성 있게   align 일치시키다
continuously 지속적으로   strive for ~을 추구하다
overcome 극복하다   boundary 한계   crucial 매우 중요한
journey 여정   ultimately 궁극적으로
pave the way for ~을 위한 길을 닦다   self-fulfillment 자기 성취

해석

에이브러햄 매슬로에 의해 설명된 대로, 자기실현은 심리적 발달의 최종 단계로, 안전, 사랑, 존중과 같은 기본적인 욕구가 충족된 후에 이루어진다. 이것은 자신의 잠재력을 실현하는 것을 포함하며, 깊은 목적의식과 성취감으로 흔히 나타난다. 자기실현을 얻은 개인은 진정성 있게 살며, 자신의 행동을 진정한 자아와 일치시키고, 어려움에도 불구하고 지속적으로 성장을 추구한다. 두려움과 한계를 극복하는 것은 이 여정에서 매우 중요하며, 그것은 궁극적으로 진정한 자기 성취로 가는 길을 열어준다.

해설

④ **문법 포인트** 관계대명사의 선택 뒤에 주어가 없는 불완전한 절이 왔으므로 「전치사 + 관계대명사」를 쓸 수 없다. 문맥상 선행사가 this journey이므로 주격 관계대명사인 which로 고쳐야 한다. (in which → which)

① **문법 포인트** 분사구문 접속사 as가 생략되지 않은 분사구문으로, 의미상의 주어인 Self-actualization과 의미상 수동의 관계이고 타동사인 describe 뒤에 목적어가 없으므로 과거분사가 바르게 쓰였다.

② **문법 포인트** 동명사의 역할 동명사 realizing이 타동사 involve의 목적어로 바르게 쓰였다.

③ **문법 포인트** 주어 - 동사 수 일치 / 등위접속사의 병렬 구조 문장의 주어가 Individuals (who attain self-actualization)이고 동사 live, align, strive가 등위접속사 and에 의해 병렬로 연결되어 있다. 따라서 복수 주어인 Individuals와 수 일치되어 live와 strive처럼 align도 복수 동사로 바르게 쓰였다.

정답 ④

06

어휘

noise 소음   upstairs 위층의; 위층   flat 아파트; 평평한
get better 나아지다   complain 항의하다
get along with ~와 잘 지내다   look for ~을 찾다
deal with ~을 해결하다

해석

A: 이봐, 어젯밤 어땠어? 잠 잘 잤어?
B: 별로야. 잠드는 게 어려웠어.
A: 요즘 뭐 때문에 밤에 잠을 못 자는 거야?
B: 위층 집에서 나는 소음 때문에 잠을 잘 수가 없었어.
A: 그것에 대해 항의는 해봤어?
B: 물론이지! 하지만 전혀 나아지질 않아.
A: 건물 관리자에게 이야기해보는 게 좋을 것 같아.
B: 응, 그렇게 해볼게. 이번에는 정말 해결되면 좋겠다.

② 너 이웃들이랑 잘 지내고 싶니
③ 새로운 조용한 집을 찾아봤어
④ 내가 그거 해결해주길 바라니

정답 ①

07

어휘

accident 사고   heal 낫다   take ~ off ~동안 쉬다
appreciate 고마워하다   on one's own 혼자서   proper 적절한
treatment 치료   out of work 업무를 못하는

해석

David Johnson: 안녕하세요, 마케팅팀의 David Johnson입니다.
매니저 Lee: 안녕하세요, David. 어떻게 도와드릴까요?
David Johnson: 주말에 스카이다이빙 사고가 있어서 오늘은 사무실에 출근할 수 없을 것 같습니다.
매니저 Lee: 이런, 괜찮으신가요?
David Johnson: 다리가 부러졌지만, 회복 중입니다.
매니저 Lee: 업무를 얼마나 못 하실 것 같나요?
David Johnson: 이번 주만 쉬면 될 것 같습니다.

매니저 Lee: 알려주셔서 감사합니다. 정말 고맙습니다. 몸조리 잘하시고 다음 주에 뵙겠습니다!

① 혼자 운전해서 집에 갈 수 있겠어요
② 적절한 치료를 이미 받았나요
③ 무엇이든 제가 도와드릴 게 있을까요

정답 ④

[08-09]

어휘

residential 주거의　guideline 지침　be committed to ~에 전념하다
facilities (pl.) 시설　well-maintained 잘 관리된　comfort 편의
maintain 유지하다　recently 최근에　notice 확인하다
fire door 방화문　frequently 자주　crucial 중요한
safety feature 안전 설비　design 설계하다　spread 확산
emergency 비상　cooperation 협조　ensure 반드시 ~하게 하다
circumstances (pl.) 상황　contribute 기여하다　significantly 크게
inconvenient 불편한　appreciate 감사하다　comfortable 편안한
extension 확산　ignition 점화　restriction 제한
concentration 집중

해석

수신: Madison 아파트의 모든 입주민
발신: Madison 아파트 관리 사무소
날짜: 2025년 3월 15일
제목: [공지] 중요한 주거 지침

주민 여러분께,

날씨가 변화함에 따라, 저희 관리 사무소는 입주민들의 편의를 위해 모든 시설을 잘 관리하는 데 전념하고 있습니다. 안전하고 쾌적한 환경을 유지하는 데 여러분의 도움을 요청드립니다.

최근, 저희는 각 층의 방화문이 자주 열려 있는 것을 확인했습니다. 이 방화문은 비상시 화재와 연기의 확산을 방지하도록 설계된 중요한 안전 설비입니다. 따라서, 이 문이 항상 닫힌 상태를 유지하는 것은 꼭 필요한 일입니다. 이 방화문이 어떤 상황에서도 반드시 열려 있지 않도록 하는 데 여러분의 협조를 부디 부탁드립니다.

여러분의 작은 행동이 우리 공동체의 안전에 크게 기여합니다. 저희는 그것이 불편할 수 있음을 이해하지만, 모두의 안전을 위해 방화문을 닫아주시길 부탁드립니다. Madison 아파트를 안전하고 편안하게 유지하는 데 있어 여러분의 지지에 진심으로 감사드립니다.

감사합니다,
Madison 아파트 관리 사무소

해설

08

글의 중심 소재는 방화문이고 주제문은 두 번째 문단의 마지막 문장으로, 방화문을 항상 닫아달라고 부탁하고 있다. 방화문이 모두의 안전을 위해 어떻게 중요한지 설명하고, 공동체의 안전을 위해 모두 협조해 달라는 내용이므로 정답은 ③ '아파트 주민들에게 방화문을 닫아둘 것을 요청하려고'이다.

정답 08 ③ 09 ①

[10-11]

어휘

crime 범죄　target 대상으로 삼다　practical 실용적인
self-defense 자기방어　design 설계하다
equip A with B A에게 B를 갖추게 하다　essential 필수적인
boost 높이다　confidence 자신감　supportive 지원을 아끼지 않는
participant 참가자　martial arts 무술　Judo 유도
Taekwondo 태권도　Krav Maga 크라브마가: 이스라엘의 전투 기술
experienced 숙련된　instructor 강사　tailor 맞춰 조정하다
real-life 실생활의　ensure 반드시 ~하게 하다　effective 효과적인
empower 힘을 실어주다　expert 전문적인　certified 공인의
specialize in ~을 전문으로 하다　interactive 참여형의
role-playing 역할극　one-on-one 일대일　register 등록하다
coordinator 담당자　unity 연대　physical 신체적　limit 한계
fight back 반격하다　advanced 고급의　various 다양한
include 포함하다

해석

(A) 실용적인 자기방어 기술을 통한 힘 기르기

지역 주민들을 대상으로 하는 범죄가 점점 증가하기 때문에, 실용적인 자기방어 기술의 필요성이 그 어느 때보다 커졌습니다. 커뮤니티 역량 강화 자기방어 워크숍은 개인에게 자신을 보호하고 자신감을 높이는 데 필요한 필수 기술을 갖추게 하기 위해 설계되었습니다.

이 워크숍은 참가자가 숙련된 강사에게 유도, 태권도, 크라브마가와 같은 실용적인 무술 기술을 배울 수 있는 안전하고 지원을 아끼지 않는 환경을 제공합니다. 이런 기술들은 반드시 효과적이면서도 힘을 실어줄 수 있도록 실생활 상황에 맞춰 조정되어 있습니다.

실용적인 자기방어 기술을 배워서 더 안전한 지역사회에 기여할 수 있도록 저희와 함께 해주세요.

세부 사항

- 날짜: 3월 8일 토요일 – 3월 9일 일요일
- 시간: 오전 10시 – 오후 5시 (양일)
- 장소: Downtown 주민센터, 대강당

하이라이트

- 전문 교육: 지역사회 중심 프로그램을 전문으로 하는 공인 무술 강사에게 자기방어 기술을 배워보세요.
- 참여형 수업: 그룹 운동, 역할극 상황, 그리고 일대일 코칭 수업에 참여하세요.

더 많은 정보를 원하시거나 등록하시려면, www.empowermentselfdefense.org를 방문하시거나 이벤트 담당자에게 (555) 678-9012번으로 연락해 주세요.

10

① 연대를 통한 지역사회 안전 강화
③ 신체적 한계를 넘어선 역량 강화
④ 당신의 자유를 위해 반격하기

11

① 워크숍은 스포츠 경기용 고급 기술에 중점을 둔다.
② 참가자들은 다양한 무술을 배울 기회를 가질 것이다.
③ 공인 무술 강사들이 워크숍 수업을 이끌 것이다.
④ 이 행사는 역할극 상황과 같은 참여형 활동을 포함한다.

해설

10

글의 중심 소재는 자기방어이고 첫 문단에서 자기방어 기술의 필요성을 설명하고 그에 맞는 워크숍을 마련했다고 홍보한 뒤, 워크숍에서 다뤄지는 내용을 자세히 설명한 다음, 안전과 역량 강화를 위해 행사 참여를 독려한다. 따라서, 자기방어 기술을 배워 몸을 강하게 단련하라는 내용이 모두 담겨있는 ② '실용적인 자기방어 기술을 통한 힘 기르기'가 정답이다. ①은 연대를 통한 지역사회 안전 강화라는 내용이고 ③의 신체적 한계나 ④의 자유는 글에 언급되지 않았으므로 모두 답이 될 수 없다.

11

① 첫 번째 문단의 두 번째 문장에서 개인을 보호하고 자신감을 높이는 데 필요한 기술을 갖추게 하려고 설계되었다고 했고 두 번째 문단의 두 번째 문장에서 실생활 상황에 맞춰 조정된 기술이라고 했으므로 글의 내용과 일치하지 않는다.
② 두 번째 문단의 첫 번째 문장에서 유도, 태권도, 크라브마가와 같은 무술 기술을 배울 수 있다고 했으므로 글의 내용과 일치한다.
③ <하이라이트>의 '전문 교육'에서 공인 무술 강사에게 배우라고 했으므로 글의 내용과 일치한다.
④ <하이라이트>의 '참여형 수업'에서 역할극 상황에 참여하라고 했으므로 글의 내용과 일치한다.

정답 10 ② 11 ①

12

어휘

missing 실종; 실종된 elderly 노인의 dementia 치매
responsibility 책무 primary 주요한 organization 조직
state 주(州) dedicate 전념시키다 disappearance 실종
support 지원하다 welfare 복지 fund 기금 implement 실행하다
tracking 추적 device 장치 vulnerable 취약한 organize 조직하다
awareness 인식 educate 교육하다 caregiver 간병인
preventive 예방적인 measures (pl.) 조치 ensure 확실히 하다
aware 인지하는 resources (pl.) 자원 available 이용할 수 있는
assist 돕다 locate ~의 위치를 알아내다 collaborate 협력하다
local 지역의 authorities (pl.) 당국 establish 구축하다
mission 사명 reunification 재회 guidance 지침 aim 목표로 하다
private sector 민간 부문 promote 홍보하다 nationwide 전국적인
cooperation 협력 rapid 신속한

치매 노인의 실종 예방(PMED) 책무

PMED는 치매 노인의 실종을 방지하는 데 전념하는 주(州)의 주요 조직이다. 정부 복지 기금의 지원을 받아 PMED는 이러한 취약한 개인들을 모니터링하고 보호하는 데 도움을 주는 추적 장치를 개발하고 실행한다. 또한 PMED는 가족 구성원과 간병인들에게 예방 조치에 대해 교육하고, 만약 노인이 실종될 경우 노인의 위치를 알아내는 데 도움이 되도록 이용할 수 있는 자원에 대해 확실히 인지하도록 하는 인식 캠페인을 조직한다. 더불어, PMED는 실종된 노인을 찾기 위한 신속 대응 네트워크를 구축하기 위해 지역 당국 및 지역사회와 협력한다. PMED의 사명은 안전한 환경을 조성하고 실종된 개인이 가족과 재회할 수 있도록 지원하는 것이다. 또한 PMED는 간병인들을 대상으로 예방 조치와 이용 가능한 지원에 대한 지침을 제공하는 교육 프로그램을 운영한다.

① 치매 환자의 실종을 방지하는 것을 목표로 한다.
② 민간 부문의 지원을 받아 추적 장치를 개발한다.
③ 공무원을 대상으로 하는 인식 캠페인을 홍보한다.
④ 신속 대응을 위한 전국적인 협력 네트워크를 보유하고 있다.

① 첫 번째 문장에서 치매를 앓고 있는 노인의 실종을 방지하는 데 전념하는 주의 주요 조직이라고 했으므로 글의 내용과 일치한다.
② 두 번째 문장에서 정부 복지 기금의 지원을 받아 추적 장치를 개발한다고 했으므로 글의 내용과 일치하지 않는다.
③ 세 번째 문장에서 가족 구성원과 간병인들을 대상으로 하는 인식 캠페인을 조직한다고 했으므로 글의 내용과 일치하지 않는다.
④ 네 번째 문장에서 신속 대응 네트워크를 구축하기 위해 지역 당국 및 지역사회와 협력한다고 했으므로 글의 내용과 일치하지 않는다.

정답 ①

13

어휘

interactive 대화형의 improve 향상시키다 vocabulary 어휘
grammar 문법 pronunciation 발음 engaging 매력적인
available 이용할 수 있는 for free 무료로 premium 고급의
benefit 혜택 subscribe 구독하다 compatible 호환 가능한
feature 기능 learning path 학습경로 conversation 회화
practice 연습 introduce 도입하다

해석

BiLingo: 당신의 스마트한 언어 학습 파트너!

BiLingo는 새로운 언어를 마스터하는 것을 재미있는 대화형으로 만들어 주도록 고안된 대중적인 언어 학습 앱이다. 이 앱은 사용자가 어휘, 문법, 발음을 향상시키도록 돕는 게임 형식의 수업을 매력적인 방식으로 제공한다. BiLingo의 기본 기능은 무료로 이용할 수 있지만, 사용자들은 BiLingo Pro를 구독함으로써 고급 혜택을 이용할 수 있다. 이 앱은 iOS와 Android 기기와 모두 호환 가능하고 더 큰 화면으로 공부하는 것을 선호하는 학습자를 위해 컴퓨터 버전도 이용할 수 있다. 개인화된 학습 경로나 실생활 회화연습 같은 새로운 기능들이 전반적인 학습 경험을 향상시키기 위해 곧 도입될 것이다.

① 수업은 주로 문법 해설에 초점을 맞춘다.
② 이 앱의 어떤 기능이라도 이용하기 위해서 이용자는 돈을 지불해야 한다.
③ 이 앱은 이용자들이 스마트폰이나 컴퓨터에서 학습하는 것을 가능하게 한다.
④ 개인화된 학습 경로는 이미 앱에서 사용 가능하다.

해설

③ 네 번째 문장에서 iOS, Android, desktop 버전에서 모두 사용할 수 있다고 했으므로 글의 내용과 일치한다.
① 두 번째 문장에서 어휘, 문법, 발음을 향상시키도록 돕는다고 했으므로 글의 내용과 일치하지 않는다.
② 세 번째 문장에서 기본 기능은 무료로 사용할 수 있다고 했으므로 글의 내용과 일치하지 않는다.

④ 마지막 문장에서 개인화된 학습 경로는 곧 도입될 것이라고 했으므로 글의 내용과 일치하지 않는다.

정답 ③

14

어휘

go so far as to 심지어 ~하기까지 하다   nourish 영양분을 공급하다
competitor 경쟁자   establish 확립하다   consistent 일관된
at the mercy of ~에 좌우되는   ecosystem 생태계
moderate 완화시키다   generate 발생시키다   humidity 습기
intact (하나도 손상되지 않고) 온전한   fatality 죽음
canopy (숲의 나뭇가지들이) 지붕 모양으로 우거진 곳   uproot 뿌리째 뽑다

해석

왜 나무들은 그들 자신의 종과 먹을 것을 공유하고 때때로 심지어 그들의 경쟁자들에게 영양분을 공급하는가? 그 이유는 인간 공동체와 같다: 힘을 모으는 것에는 장점이 있기 때문이다. 나무 한 그루는 숲이 아니다. 한 그루의 나무 혼자 힘만으로는 일관된 지역 기후를 확립할 수 없다. 그것은 바람과 날씨에 좌우된다. 그러나 함께 있으면, 많은 나무들이 더위와 추위의 양극단을 완화시키고, 많은 양의 물을 저장하며, 많은 습기를 발생시키는 생태계를 만들어낸다. 그리고 이러한 보호받는 환경에서, 나무는 매우 오래 살 수 있다. 이 지점에 이르려면, 어떤 일이 있더라도 공동체는 온전해야 한다. 만약 모든 나무들이 자기 자신만을 보살핀다면, 그들 중 상당수는 결코 노년에 이르지 못할 것이다. (나무의) 주기적인 죽음은 지붕 모양으로 우거진 나무숲에 많은 커다란 틈새를 만들 것이고, 이것은 폭풍우가 숲 안으로 들어가 더 많은 나무를 뿌리째 뽑는 것을 더 쉽게 만들 것이다. 여름의 더위는 숲 바닥에 닿아 숲을 말려 버릴 것이다. 모든 나무들이 고통받을 것이다.

① 나무들에 의해 제공되는 효과적인 생태계 서비스
② 공동체의 이익을 위한 나무들의 협력
③ 야생동물 서식지를 형성하는 데 중요한 역할을 하는 나무들
④ 더위와 추위의 양극단을 조절할 가능성

해설

중심 소재는 나무들의 협동이고 질문을 한 뒤에 이에 대한 답을 설명하는 글이다. 두 번째 문장이 주제문으로 나무들이 인간 공동체와 마찬가지로 힘을 모으는 이유는 장점이 있기 때문이다. 즉 그것이 나무들이 보호받는 생태계를 만들어 낼 수 있기 때문이라고 설명한다. 이러한 보호받는 환경에서 나무는 오래 살 수 있지만, 자기 자신만을 보살핀다면 많은 나무들이 노년에 이르지 못하고 죽어 공동체 전체가 고통받게 될 수 있다고 말한다. 그러므로 글의 주제로는 ② '공동체의 이익을 위한 나무들의 협력'이 가장 적절하다. ① 나무들이 만들어내는 생태계는 언급되었으나, 공동체로 살아가야 하는 이유로 언급된 지엽적인 내용이므로 정답이 될 수 없고, ④ 함께 모여 극한의 더위와 추위를 조절한다고는 했으나 이 또한 공동체로 살아가는 지엽적인 이유에 해당하므로 정답이 될 수 없다.

정답 ②

15

어휘

impression 인상   process 처리하다   thoroughly 철저하게
consistent 일관된   with respect to ~에 관해서라면
self-esteem 자존감   perception 인식   rejection 거절
acceptance 수락   overestimate 과대평가하다   enduring 지속적인
threatening 위협적인   rapidly 신속하게   detect 감지하다
cherish 소중히 여기다   derive 도출하다

해석

사람들이 다른 이들에 대한 인상을 형성하는 방식에 관한 연구는 부정적인 정보가 긍정적인 정보보다 더 주목을 받으며, 더 철저하게 처리되며, 더 강하게 인상에 기여한다는 것을 발견했다. 마찬가지로, 감정의 언어 및 감정과 관련된 단어에서 인간은 긍정적인 감정에 대해서보다 부정적인 감정에 대해서 훨씬 더 많은 (1.5배 더 많은) 단어를 가지고 있다는 일관된 증거가 있다. 자존감에 관해서라면, 거절의 인지가 수락의 인지보다 사람들의 자존감과 자긍심에 훨씬 더 중요해 보인다. 정서 예측에 관한 연구는 사람들이 긍정적인 사건의 영향을 과대평가하는 것보다 훨씬 더 부정적인 사건의 지속적인 영향을 과대평가한다는 것을 보여준다. 마지막 사례로 군중 속의 위협적인 얼굴은 미소 띤 얼굴보다 더 신속하게 감지된다.

① 좋은 경험은 소중히 여기되, 나쁜 경험은 잊어라.
② 부정적인 감정은 감추면서, 긍정적인 감정은 표현하라.
③ 나쁜 사건은 좋은 사건보다 더 강한 심리적 영향을 준다.
④ 부정적인 사건으로부터 긍정적인 의미를 도출하기란 쉽지 않다.

해설

여러 가지 심리적 측면을 나열하면서 부정적인 정보와 긍정적인 정보가 미치는 영향을 다섯 가지 근거를 통해 비교하는 구조의 글이다. 타인에 대한 인상 형성, 감정을 표현하는 말, 자존감, 특정 사건의 영향, 얼굴 감지라는 측면에서 볼 때 부정적인 정보, 부정적인 감정, 부정적인 사회적 경험(거절), 부정적인 사건, 부정적인 이미지가 심리적 영향을 더 강하게 준다는 내용이므로, 글의 요지로 가장 적절한 것은 ③ '나쁜 사건은 좋은 사건보다 더 강한 심리적 영향을 준다.'이다.

정답 ③

16

어휘

organism 유기체   symptom 증상   self-regulate 자기 조절하다
classic 전형적인   congenital 선천적인   insensitivity 둔감성
disorder 질환   curtailed 단축된   life expectancy 기대 수명
without one's knowledge 자신도 모르는 사이에   overly 지나치게
attentive 주의를 기울이는   stand to ~할 것 같다
subtle 포착하기 힘든   onset 발병   perceive 인식하다

해석

자기 조절을 하기 위해 증상을 피드백으로 사용하는 유기체는 그렇지 않은 유기체보다 생존율이 더 높을 것인데 증상을 무시하는 것은 자기 몸을 손상시킬 위험을 증가시키기 때문이다. ① 이 문제의 전형적인 사례는 통증을 경험하는 것을 막는 질환인 선천적 통증 둔감성을 가진 사람들에게서 발생한다. ② 이 질환을 갖고 태어난 사람들은 기대 수명이 상당히 단축되는데, 그들은 흔히 자신도 모르게 자신을 베거나, 화상을 입히거나, 그렇지 않으면 해치기 때문이다. ③ 그 결과, 신체 상태에 너무 과하게 주의를 기울이고 다른 사람들보다 훨씬 높은 정도로 증상을 보고하는 사람은 사회적 관점에서 볼 때 가장 많은 것을 잃을지도 모른다. ④ 덜 극단적인 사례는 흔히 포착하기 힘든 발병, 예컨대 유방암이나 심장 질환으로 사망하는 사람들에게서 볼 수 있다. 많은 경우, 증상을 인식하지 못하면 상태가 너무 많이 진전되도록 놔둔다.

해설

중심 소재는 증상의 활용이고 첫 번째 문장이 주제문으로 증상을 무시하면 신체에 해를 줄 수 있다고 말한다. 이에 대한 전형적인 사례로는 선천적 통증 둔감성을 가진 사람이 수명이 단축되는 것, 덜 극단적인 사례로는 암이나 심장 질환의 발병을 인식하지 못해 사망하는 경우가 있다는 내용이다. 따라서, 자신의 신체 상태에 너무 과하게 주의를 기울여 지나칠 정도로 증상을 보고하는 사람이 가장 많은 것을 잃을지도 모른다고 언급한 ③은 글의 흐름상 어색하다.

정답 ③

17
어휘
rhesus monkey 붉은털원숭이　furry 털이 많은　cozy 포근한
refer to ~을 의미하다　possessor 소유자　potential 잠재적인
manifest 나타내다　a host of 다수의　verbal 언어의
nonverbal 비언어적인
take every opportunity to do 모든 기회를 이용하여 ~하다
dwell on ~을 곰곰이 생각하다　temporary 일시적인
setback 실패　mask 가리다　nourishment 자양분
ravenous 굶주린　ego 자아　crave 열망하다
hypersensitivity 과민함　susceptibility 감수성

해석
아이들에 대해 높은 기대를 갖는다는 것은 그들을 잠재적 위대함을 소유한 존재로 보는 과정을 의미한다. 여러분이 진정으로 아이들을 이런 방식으로 볼 때, 여러분의 기대는 다수의 언어적 그리고 비언어적 메시지로 나타난다. (①) 아이들에게서 잠재적 위대함을 보는 사람들은 일시적인 실패를 감춰진 기회로 여기면서, 모든 기회를 이용하여 아이들을 격려하고 그들의 성공에 대해 곰곰이 생각한다. (②) 격려는 어린아이의 굶주린 자아를 위한 정서적 자양분이다. (③) 하등 포유동물조차도 물질적 자양분보다 정서적 자양분을 더 갈망한다. (④) 예를 들어, 붉은털원숭이에 관한 과학 실험은 새끼 원숭이들이 우유를 제공하는 차가운 금속 (어미) 모형보다 우유를 제공하지 않는 털이 많고 포근한 어미 모형을 더 좋아했다는 것을 보여주었다. 아이들에게 있어서, 정서적 자양분에 대한 그들의 과민함은 "너는 정말 빨리 배우는구나,"와 같은 격려의 말에 대한 그들의 감수성을 증가시킨다.

해설
글의 중심 소재는 정서적 자양분(격려)의 중요성이다. 주어진 문장은 붉은털원숭이의 새끼들이 우유를 제공하는 차가운 금속으로 만든 (어미) 모형보다 우유를 제공하지 않더라도 털이 많고 포근한 어미 모형을 더 좋아했다는 과학 실험을 예시로 제시하고 있으므로 이 앞에는 이것의 원인과 관련된 일반적인 진술이 나와야 하고 뒤에는 부연 설명이 나와야 한다. 본문에서는 격려가 아이들의 정서적 자양분이라고 언급한 뒤에 하등 포유동물조차도 정서적 자양분을 갈망한다고 설명한다. 따라서 이 내용 다음에 하등 포유동물의 예시로 주어진 문장이 제시되는 것이 맥락상 자연스럽다. 또한 하등 포유동물과 대비해서 아이들의 정서적 자양분인 격려에 대한 아이들의 감수성을 설명하는 내용이 주어진 문장 다음에 결론으로 이어져야 한다. 따라서 ④가 주어진 문장의 위치로 가장 적절하다.

 ④

18
어휘
behaviorist 행동주의의; 행동주의 심리학자　hyper- 과도한
individualism 개인주의　given 기정사실　superiority 우월성
it follows that (따라서) ~라는 결론에 이르게 되다　inculcate 가르치다
regulation 조절　good 이익　infant 갓난아기　toddler 유아
detachment 분리　means 방법　accelerate 가속화하다
gulf 큰 간격　perpetuate 영속시키다　disconnectedness 단절(성)
strive 노력하다　put a brake on ~에 제동을 걸다　diminish 줄이다
secure 지키다　norm 규범

해석
행동주의의 이상은 과도한 개인주의와 감정 통제라는 중산층의 문화적 이상을 반영했다. 매우 독립적인 개인의 우월성을 기정사실로 받아들이면서, 부모의 역할은 자녀와 사회의 이익을 위해 독립과 감정 조절을 가능한 한 일찍 가르치는 것이라는 결론에 이르게 되었다. 그렇다면 갓난아기가 태어날 때의 매우 의존적인 상태는 극복해야 할 문제가 되었다 — 영유아기의 점진적인 분리 및 개별화 과정을 통해서가 아니라 즉각적으로. 자녀로부터 부모의 신체적, 정서적 분리는 분리 과정을 가속화하고 부모와 자녀 사이에 사회적으로 큰 간격을 만들어내는 목표로 나아가고자 선택된 방법이었다. 따라서 행동주의는 미국 사회의 증가하는 단절을 영속화했다.

② 개인주의 증가에 제동을 걸고자 노력했다
③ 갑작스러운 정서적 분리를 줄였다
④ 전통적인 가치와 규범을 지켰다

해설
글의 중심 소재는 행동주의가 미국 사회에 미친 영향이다. 첫 번째 문장에서 행동주의 이상이 과도한 개인주의와 감정 통제라는 중산층의 문화적 이상을 반영했다는 내용으로 글을 시작하며 주제를 제시하고, 이후에 그 이상이 부모의 자녀 양육에 미친 영향을 구체적으로 설명하는 구조의 글이다. 부모는 독립적인 개인이 우월하다고 생각했기 때문에 자녀의 독립과 감정 통제를 가능한 한 일찍 가르쳐야 한다고 느꼈고 분리 과정을 가속화하고 사회적으로 큰 간격을 만들기 위해 부모와 자녀 사이의 신체적, 정서적 분리를 가져왔다고 말한다. 빈칸에는 이런 행동주의에 입각한 자녀 양육이 미국 사회에 가져온 결과인 부모와 자녀 사이, 나아가 사회 구성원 사이의 관계 단절 현상의 심화를 나타내는 ① '증가하는 단절을 영속화했다'가 가장 적절하다.

 ①

19
어휘
absence 부재　cue 신호　internal 내부의　drift 이동하다
intrinsic 내재하는　deprived of ~가 없는
circadian (24시간) 생물학적인 주기의　desynchronize 비동기화하다
coordinate 조화시키다　synchronize 동기화하다　entrain 동조하다
suppress 억제하다　compliance 준수　preservation 보존

해석
햇빛/어둠 신호, 시계, 일정과 같은 환경에 있는 시간적 신호가 부재할 경우, 연구원들은 우리 신체 내부의 시계가 그것의 자연적 또는 내재하는 리듬 속으로 이동한다는 것을 발견했는데, 그것은 약 24.2시간, 즉 하루보다 약간 더 길다. 또한 그런 모든 신호가 없을 때, 수면·각성, 체온, 그리고 멜라토닌 생물학적 주기 리듬이 비동기화되어 그것들이 더 이상 적절히 서로 조화를 이루지 않는다. 따라서, 환경적 시간 신호에의 노출이 24시간의 하루에 정확하게 동기화, 즉 동조된 상태로 머무는 데 필요하다. 예를 들어 매일 해가 질 때, 이용 가능한 빛의 감소는 멜라토닌의 생산 증가로 이어져 수면을 돕고 활동 수준을 감소시킨다. 해가 뜰 때, 햇빛과 다른 밝은 빛은 멜라토닌 수치를 억제하는데, 그것은 낮 동안에 매우 낮게 유지된다. 이런 식으로 햇빛은 생물학적 주기가 24시간 일정으로 동기화되고 작동되도록 유지하는 데 도움을 준다.

① 체내 신체 시계를 따르는 것
③ 생체 시간 기계의 보존
④ 환경의 시간적 신호로부터 자유

해설
환경의 시간적 신호를 소재로 하여 그것이 우리의 신체 시계가 24시간 주기를 유지하도록 도움을 준다는 점을 햇빛의 사례로 설명하는 글이다. 우리의 신체 시계는 하루의 주기보다 약간 더 긴 24.2시간 주기로 돌아가므로 환경의 시간적 신호를 통해 이 주기를 조정할 필요가 있다. 이것을 햇빛의 예를 들며 설명하는 데 햇

빛이 멜라토닌 수치 조절을 도와 신체의 생물학적 주기를 하루 24시간 일정에 동기화되도록 한다는 내용이므로, 밑줄 친 부분에 들어갈 말로 가장 적절한 것은 동기화를 위해 꼭 필요한 ② '환경적 시간 신호에의 노출'이다. ①, ③, ④는 모두 환경의 시간적 신호를 무시하고 오로지 신체 내부의 시계로만 작동하는 것을 의미하므로 적절하지 않다.

정답 ②

제 6회 실전동형 모의고사 Vol.2

01	①	02	③	03	①	04	③	05	④
06	③	07	③	08	②	09	①	10	④
11	④	12	②	13	②	14	④	15	②
16	①	17	②	18	③	19	②	20	①

20

어휘

phenomenon (*pl.* phenomena) 현상　encounter 마주치다
interpret 해석하다　sensory 감각의
perceptual constancy 지각 항등성: 외부 조건이 변하더라도 사물의 특성을 일정하게 인식하는 능력　stimulus 자극　project 투영하다
perspective 원근감　sensation 감각　perceive 지각하다
shrink 작아지다　step in 개입하다　constant 변함없는
brightness 명도

해석

감각 데이터를 해석하면서 마주치게 되는 현상 중 하나는 지각 항등성이다. 여러분이 시각 자극을 바라볼 때, 그것이 여러분의 망막에 투영하는 상은 여러분이 그 대상을 보는 원근감에 의해 크게 영향받는다. (B) 하지만 여러분의 그 대상에 대한 지각은 여러분의 감각만큼 원근감에 의존적이지 않다. 예를 들어 여러분이 3피트 거리에 있는 친구를 보면, 특정 크기의 상이 여러분의 망막에 투영된다. (A) 여러분이 더 멀어져서 6피트 거리에 있는 그 똑같은 친구를 보면 더 작은 상이 여러분의 망막에 투영된다. 여러분의 감각은 변했지만, 여러분은 여러분의 친구가 작아졌다고 지각하지 않을 것이다. (C) 어떻게 이것이 가능한가? 여러분의 뇌가 개입하여 여러분의 지각을 수정하여 여러분이 세상에서 보는 대상에 대한 변함없는 지각을 여러분에게 준 것으로 보인다. 우리의 뇌는 크기 항등성뿐만 아니라 모양 항등성, 명도 항등성, 색채 항등성을 위해서도 수정한다는 증거가 있다.

해설

중심 소재로 먼저 지각 항등성을 제시한 후 구체적인 사례를 들어 그 개념을 설명하는 구조의 글이다. 주어진 글에서는 지각 항등성 개념을 제시한 뒤에 우리가 사물을 보는 원근감에 따라 망막에 담기는 상이 달라진다고 말한다. 즉, 감각은 우리의 원근감에 따라 영향을 받는다는 의미이다. (B)에서 Yet으로 우리의 지각은 감각만큼 원근감에 의존적이지 않다는 내용이 나오고 구체적인 사례를 제시한다. 먼저 3피트 거리에 있는 친구가 망막에 투영되는 것을 설명한다. 이후 (B)의 a friend를 (A)에서 the same friend로 받아 거리에 따라 우리 망막에 담기는 상의 크기가 다르다고 설명한다. 그러나 여러분은 친구가 작아졌다고 느끼지는 않는다고 말한다. (C)에서 this로 (A)의 일관된 지각을 지칭하면서 이런 지각 항등성은 뇌가 개입하여 수정하기 때문이라고 말한다. 마지막으로 뇌는 모양, 명도, 색채 항등성을 위해서도 수정한다고 말한다. 따라서 주어진 글에 이어질 순서로는 ② (B) – (A) – (C)가 가장 적절하다.

정답 ②

01

어휘

frozen 얼어붙은　melt 녹다　bud 봉오리　peek out 살짝 보이다
indicate 나타내다　imminent 임박한　remote 머나먼
overdue 연체된　static 정체된

해석

긴 겨울이 지나 얼어붙은 땅이 녹고, 꽃봉오리와 잎사귀가 살짝 보이기 시작하는데, 이는 봄이 <u>임박한</u> 것을 나타낸다.

정답 ①

02

어휘

emphasize 강조하다　resolve 해결하다　potential 잠재적인
impact 영향　timeline 일정　liberate 해방하다　integrate 통합하다
diminish 줄이다　magnify 확대하다

해석

매니저는 프로젝트 일정에 미칠 수 있는 잠재적 영향을 <u>줄이기</u> 위해 작은 문제들이 신속하게 해결되어야 한다고 강조했다.

정답 ③

03

어휘

overly 지나치게　fail to ~하지 못하다　complete 완료하다

해석

그가 세부 사항에 지나치게 집중했더라면, 그는 더 큰 그림을 놓치고 프로젝트를 제때 완료하지 못했을 것이다.

해설

문법 포인트 기본 가정법 조건절에 if가 생략되어 주어와 동사가 도치된 형태의 가정법 과거완료가 사용되었으므로, 주절도 가정법 과거완료 형태인 「조동사 과거형 + have p.p.」가 되어야 한다. 따라서 정답은 ① would have missed이다.

정답 ①

04

어휘

consist of ~로 구성되다　estimated 약　billion 10억　neuron 뉴런
trillion 조　synapse 시냅스: 세포 사이에서 전기적 신경 충격을 전달하는 부위
activate 활성화하다　store 저장하다　consolidate 굳히다

06회 31

해석

우리의 뇌는 약 1,000억 개의 뉴런으로 구성되어 있는데, 그것들은 100조 개가 넘는 시냅스에 의해 서로 연결되어 있다. 당신이 어떤 사건을 경험할 때마다, 특정한 뉴런들의 집합과 연결 패턴이 활성화된다. 기억은 이러한 연결 패턴에 저장되는 것으로 생각된다. 그러나, 우리는 경험이 표현되거나 이해되는 방식이 장기 기억으로 굳어지는 과정을 아직 완전히 이해하지 못하고 있다.

해설

③ 문법 포인트 준동사의 형태 변화 문맥상 Memories가 저장된다는 수동의 의미이므로 to부정사의 수동태가 바르게 쓰였다.

① 문법 포인트 동사의 유형별 수동태 consist of는 「자동사 + 전치사」이지만 수동태 불가 동사이다. 따라서 수동태인 are consisted of는 능동태인 consist of로 고쳐야 한다. (are consisted of → consist of)

② 문법 포인트 복합관계사 뒤에 주어나 목적어가 모두 있는 완전한 절이 왔고 의미상 '~할 때마다'라는 복합관계부사의 의미가 되어야 한다. 따라서 Whatever를 Whenever로 고쳐야 한다. (Whatever → Whenever)

④ 문법 포인트 관계대명사의 선택 which는 관계대명사로 which가 이끄는 절은 불완전해야 한다. 하지만 which 뒤에 완전한 절이 왔으므로 「전치사 + 관계대명사」로 고쳐주어야 한다. 관계대명사절의 의미상 '과정을 통해' 경험이 표현되거나 이해되는 방식이 굳어진다는 뜻이므로 전치사 through를 써서 through which로 고쳐야 한다. (which → through which)

정답 ③

05

어휘

landmark 획기적인   public 공적인   inquiry 조사   allegation 혐의
violation 침해   troop 군대   gather 수집하다
heartbreaking 가슴 아픈   testimony 증언   mistreat 학대하다
dozens of 수십 명의   parliamentary 국회의   allege 혐의를 주장하다
misconduct 위법 행위   allegedly 주장하는 바에 의하면
disabled 장애를 입은   hit-and-run 뺑소니의   accident 사고
abandon 유기하다   following 이후에

해석

아프리카 국가에서 외국군에 의한 인권 침해 혐의에 대한 획기적인 공적 조사가 학대를 당했다고 주장하는 사람들로부터 "가슴 아픈" 증언을 수집하고 있다. 이번 주에는 수십 명의 사람이 외국군 병사의 위법 행위 혐의에 대한 국회 조사에 증거를 제출했다. 외국 군용 트럭으로 인한 뺑소니 사고로 장애를 입었다고 주장하는 한 젊은 여성이 그 중에 있다. 또한 임신 중 유기되었다고 말하는 어머니와 군사 훈련 중 시작되었다고 주장되는 화재 이후 사자에게 공격을 받은 남성도 포함되어 있다.

해설

④ 문법 포인트 주어 - 동사 수 일치 주어 a mother와 a man이 등위접속사 and에 의해 병렬로 연결되어 있으므로 동사는 복수형 동사 are가 와야 한다. (is → are)

① 문법 포인트 주어 - 동사 수 일치 주어가 A landmark public inquiry로 단수이므로 동사의 단수형 has been이 바르게 쓰였다.

② 문법 포인트 명사의 이해 dozens of는 복수 명사와 함께 쓰이고 복수 취급하므로 people을 바르게 수식하고 있다.

③ 문법 포인트 현재분사 vs. 과거분사 타동사 cause 뒤에 목적어가 없고 수식받는 명사 accident와 의미상 수동의 관계이므로 과거분사 caused가 바르게 쓰였다.

정답 ④

06

어휘

take account of ~을 고려하다   secure 보장하다   efficiency 효율성
take ~into consideration ~을 고려하다   career path 진로
factor 요소   priority 우선 사항

해석

A: 좋은 소식이라도 있어? 기분이 아주 좋아 보이는데.
B: 몇몇 회사에서 좋은 일자리를 제안받았어!
A: 와우! 축하해! 어느 회사에서 일할 건지 결정했어?
B: 아직 못 했어. 어떤 요소를 우선적으로 고려해야 할지 모르겠어.
A: 글쎄, 나 같은 경우엔, 일과 삶의 균형을 고려했어. 내 개인 생활을 보장하면 업무 효율성을 올리는 데 도움이 되는 것 같아.
B: 맞는 말 같아. 나도 그 점을 고려해볼게.

① 내가 좋아하는 걸 아직 하나도 발견하지 못했어
② 내 진로를 바꿀 준비가 아직 안 된 것 같아
④ 보수가 가장 높은 일을 받아들이기로 이미 선택했어

정답 ③

07

어휘

purifier 정수기   replace 교체하다   facilities (pl.) 시설
management 관리   spare 여분의

해석

Emily Taylor: 요즘 정수기의 물이 정말 안 좋은 것 같지 않아?
Sam Carter: 네, 필터도 교체해야 한다고 생각했어요.
Emily Taylor: 시설 관리팀 같은 부서에 연락해야 할까요?
Sam Carter: 먼저 휴게실을 확인해야 할 것 같아요.
Emily Taylor: 거기 여분의 필터가 있나요?
Sam Carter: 그런 것 같아요. 캐비닛에서 하나 본 게 기억나요.
Emily Taylor: 그 말을 들으니 목이 말라요. 같이 가요.

① 저 대신 그곳을 확인해줄래요
② 그 팀에 언제 연락했어요
④ 제게 물을 좀 가져다주시겠어요

정답 ③

[08-09]

어휘

commerce 상업   trade 무역   expand 확대하다   domestic 국내의
innovation 혁신   deliver 제공하다   boost 강화하다
competitiveness 경쟁력   availability 이용 가능성   drive 추진하다
strategic 전략적   promotion 촉진   equitable 공정한
cultivate 조성하다   thriving 번영하는   efficient 효율적인
sector 부문   integrity 진실성   accountability 책임
adhere to ~을 고수하다   effort 활동   objectivity 객관성
fairness 공정성   impartiality 공명정대함   aspect 측면
operation 운영   confidence 자신감   trust 신뢰   enlarge 확대하다
excessive 지나친   conduct 수행하다   propel 추진하다
curb 억제하다   transport 운송하다   compel 억지로 ~하게 하다

해석

상업 및 무역 개발 사무소

사명
우리는 다양한 산업 분야의 기업들이 경제 성장과 혁신을 개선할 수 있는 국내외 무역 기회를 확대하는 프로그램을 선도하고 있습니다. 또한 산업 표준을 지원하고 경쟁력을 강화하며 전 세계 소비자들에게 양질의 상품과 서비스 이용을 보장하는 필수 서비스를 제공합니다.

비전
우리는 국가 상업 및 무역의 전략적 발전과 촉진을 추진하여 공정한 무역 관행을 보장하고 다양한 부문에서 생산자, 기업 그리고 소비자에게 이익이 되는 번영하는 효율적인 시장을 조성합니다.

핵심 가치
- 진실성 및 책임: 우리는 모든 활동에서 최고 수준의 진실성 및 책임을 고수합니다.
- 객관성과 공정성: 우리는 서비스에 대한 자신감과 신뢰를 구축하기 위해 운영의 모든 측면에서 공명정대함과 공정성을 유지합니다.

08

① 전 세계적으로 무역 기회를 확대하는 프로그램을 가지고 있다.
② 업계 내 과도한 경쟁력을 줄이는 것을 목표로 한다.
③ 국가 상업 및 무역의 전략적 촉진을 수행한다.
④ 서비스에 대한 자신감과 신뢰를 구축하기 위해 공정성을 유지한다.

해설

08

② <사명>의 두 번째 문장에서 경쟁력을 강화한다고 하므로 글의 내용과 일치하지 않는다.
① <사명>의 첫 번째 문장에서 다양한 산업 분야의 기업들이 경제 성장과 혁신을 개선할 수 있는 국내외 무역 기회를 확대하는 프로그램을 선도하고 있다고 하므로 글의 내용과 일치한다.
③ <비전>에서 국가 상업 및 무역의 전략적 발전과 촉진을 추진한다고 하므로 글의 내용과 일치한다.
④ <핵심 가치>의 '객관성과 공정성'에서 서비스에 대한 자신감과 신뢰를 구축하기 위해 운영의 모든 측면에서 공명정대함과 공정성을 유지한다고 하므로 글의 내용과 일치한다.

정답 08 ② 09 ①

[10-11]

어휘

response 대응   concern 우려   rental 임대의   fraud 사기
devastating 파괴적인   impact 영향   representative 의원
host 개최하다   victim 피해자   prevent 예방하다   gather 수렴하다
input 의견   legal 법률의   policymaker 정책 입안자
legislative 입법의   capitol 의사당   agenda 안건   advocate 변호사
prevention 예방   specialist 전문가   attendance 출석
seating 좌석   RSVP 참석 여부를 알려주세요   awareness 인식
legislation 입법

해석

(A) 임대 사기 피해자를 위한 해결책 찾기

임대 사기에 대한 점점 커지는 우려와 개인과 가족에게 미치는 파괴적인 영향에 대응하기 위해 Andrew Park 의원은 피해자 지원과 향후 사건 예방을 위한 효과적인 해결책을 논의하기 위해 공개 회의를 개최합니다. 이 회의는 의미 있는 입법 조치를 마련하기 위해 지역사회 구성원, 법률 전문가, 정책 입안자의 의견을 수렴하는 것을 목표로 합니다.

회의 세부 사항
- 날짜: 2025년 2월 6일 목요일
- 시간: 오후 6시 30분 – 오후 8시 30분
- 위치: 의사당 홀, 102호실

안건
- 전문가 패널 토론: 법률 전문가, 주택 공급 전문 변호사, 사기 방지 전문가들로부터 잠재적인 전략에 대해 들어보세요.
- 공개 포럼: 지역사회 구성원들이 개인적인 경험을 공유하고, 질문을 하고, 해결책을 제안하도록 초대됩니다.

참여 정보
참석은 무료이지만 좌석은 제한되어 있습니다. 좌석을 예약하시려면 1월 20일 월요일까지 www.andrewpark.gov/rentalfraudmeeting 또는 사무실로 연락하여 참석 여부를 알려주시기 바랍니다.

10

① 임대 정책에 대한 인식 향상
② 주택 문제에 대한 공개 포럼
③ 공정 주택 공급을 위한 입법

해설

10

첫 번째 문단의 첫 번째 문장에서 임대 사기 피해자를 지원하고 향후 사건을 방지하기 위한 해결책을 논의하는 공적 회의를 개최한다고 하므로 글의 제목으로 가장 적절한 것은 ④ '임대 사기 피해자를 위한 해결책 찾기'이다.

11

④ <참여 정보>에서 웹사이트나 사무실로 연락해서 예약할 수 있다고 하므로 글의 내용과 일치하지 않는다.
① 첫 번째 문단의 첫 번째 문장에서 임대 사기에 대한 피해와 예방을 위한 회의라고 하므로 글의 내용과 일치한다.
② <회의 세부 사항>의 '시간'에서 오후 6시 30분에서 오후 8시 30분까지이므로 글의 내용과 일치한다.
③ <안건>의 첫 번째 항목에서 전문가 패널 토론에 법률 전문가도 나온다고 하므로 글의 내용과 일치한다.

정답 10 ④ 11 ④

12

just around the corner 코앞인   passion 열정   ensure 보장하다
benefit 혜택   reminder 상기시켜 주는 것   renewal 갱신
efficiently 효율적으로   contact 연락처
emergency detail 비상 연락망   submit 제출하다
annual fee 연회비   extension 내선   committee 위원회

해석

수신: allmembers@companymail.com
발신: hikingclub@companymail.com
날짜: 2025년 3월 10일
주제: 모든 회원 여러분께 알립니다!

동호회 회원 여러분께,

새 시즌이 코앞에 있으므로 등산에 대한 공통의 열정을 이어갈 수 있게 되어 기쁩니다. 모든 사람이 동호회에서 제공하는 모든 활동과 혜택을 마음껏 즐길 수 있도록 회원권을 최신 상태로 유지하는 것이 중요합니다.

살짝 상기시켜드리자면, 회원 갱신은 저희 행사에 지속적으로 참여하고 모든 동호회 혜택을 누리기 위해 필수적입니다. 회원 갱신을 효율적으로 완료하기 위한 단계는 다음과 같습니다:

1. 동호회 포털의 "회원권 갱신" 섹션으로 이동하세요.
2. 연락처와 비상 연락망을 업데이트하세요.
3. 갱신 양식을 작성하여 제출하세요.
4. 연회비를 온라인으로 결제하세요.
5. 다음 동호회 행사에서 회원 카드를 받으세요.

업데이트 과정에 대한 질문이나 도움이 필요하시면, hikingclub@companymail.com으로 등산 동호회에 연락하시거나 내선 번호 456으로 전화해 주세요.

진심으로,
등산 동호회 위원회

① 회원들에게 회비를 지불하도록 상기시키려고
② 회원들에게 동호회 회원권 갱신을 상기시키려고
③ 회원들에게 연락처 정보를 업데이트하도록 상기시키려고
④ 회원들에게 필요한 갱신 양식을 제출하도록 상기시키려고

해설

첫 번째 문단 마지막 문장에서 회원권을 최신 상태로 유지하는 것이 중요하다고 했고, 두 번째 문단 첫 문장에서 회원 갱신은 모든 동호회 혜택을 누리기 위해 필수적이라고 하고 이후 갱신 절차를 안내하고 있으므로 글의 목적으로 가장 적절한 것은 ② '회원들에게 동호회 회원권 갱신을 상기시키려고'이다. 나머지 ①, ③, ④는 지엽적인 내용으로 답이 될 수 없다.

정답 ②

13

evolve 진화시키다   extraordinary 놀라운   assist in ~을 돕다
hive 벌집   explorer bee 정찰 벌   nectar (꽃의) 꿀   pollen 꽃가루
inform 알리다   by means of ~에 의해서   figure-eight 8자의
orientation 방향   convey 전달하다   nest 둥지를 틀다
frequently 종종   distance 거리

해석

꿀벌은 벌집의 생존을 돕기 위해 놀라운 의사소통 방법을 진화시켜왔다. 정찰 벌은 먹을거리를 찾고 꿀이나 꽃가루를 발견했을 때 그 소식을 가지고 돌아와서, 일련의 독특한 '춤' 동작을 통해 벌집의 나머지 벌에게 알려준다. ① 그것들은 벌집 벽이나 바닥을 일종의 8자 패턴으로 원 모양으로 돌고, 춤을 추면서 몸통을 흔든다. ② 그것들이 만드는 움직임의 특정한 패턴과 속도, 그리고 그 패턴의 방향과 크기는 그것들이 발견한 먹을거리의 방향과 품질에 관한 정보를 전달한다. ③ 꿀벌은 오래된 죽은 나무에 둥지를 트는 경향이 있고 클로버 근처에서 종종 발견된다. ④ 그것들의 움직임은 또한 식량원과의 거리를 표현하기도 하는데, 그것은 수 마일 떨어져 있을 수도 있다.

해설

꿀벌의 의사소통이 중심 소재이며, 첫 번째 문장이 글의 주제문으로 꿀벌의 독특한 의사소통 방식에 대해 설명하고 있는 글이다. ①은 정찰 벌의 춤 동작에 대한 구체적인 설명이고 ②는 정찰 벌들이 먹이의 방향과 품질에 대한 정보를 전달하는 방식에 대한 설명이며 ④는 정찰 벌의 움직임이 식량원까지의 거리도 알려준다는 내용이다. 그러나 ③은 꿀벌이 둥지를 트는 장소에 대한 설명이므로 글의 흐름에 어울리지 않는다.

정답 ③

14

upset 화가 난   get rid of ~을 없애다   normal 정상적인
similarly 마찬가지로   avoidance 회피   lead to ~으로 이어지다
skip 빼먹다   convince 납득시키다   uncomfortable 불편한
necessity 필요성   preventive 예방적인   relief 완화

해석

화가 나면, 아마도 당신은 단지 그 감정을 없애고 싶을 것이다. 대부분의 사람들은 자신이 정상적이라고 느끼고 싶을 뿐이며 무섭거나 화가 나거나 슬프다고 느끼는 것은 나쁜 일이라고 말한다. 마찬가지로 당신은 잘 지내고 있고 삶을 통제하고 있다는 것이 부정적 감정을 느끼지 않는다는 뜻이라고 생각할지도 모른다. 당신을 괴롭히는 상황을 피하고 싶어하는 것은 당연하지만, 실제로 그것을 피하는 것은 당신이 인생에서 성공하는 데 도움이 되지 않는다. 학교 프로젝트가 충분히 좋지 않을 것이라고 걱정하기 때문에 그것을 시작하는 것을 계속 피한다면, 당신은 좋은 점수를 받지 못하거나 낙제할 수도 있다. 설상가상으로, 회피가 하나의 패턴이 되면, 그것은 당신이 아프다고 스스로를 납득시킨 후에 결국 학교를 빼먹는 것으로 이어질 수도 있다. 마찬가지로, 당신을 불편하게 만든다는 이유로 당신이 좋아하는 남자나 여자와 대화를 시작하는 것을 피한다면, 그 사람을 더 잘 알 수 없을 것이다.

① 감정을 통제하는 것의 필요성
② 예방 전략으로서의 현명한 갈등 회피
③ 대화를 통한 부정적 감정의 완화
④ 부정적인 감정을 피하는 것의 나쁜 영향

해설

부정적 감정에 대한 반응이 글의 중심 소재이고 주제문은 네 번째 문장이다. 글의 초반에는 부정적 감정에 대한 사람들의 일반적인 반응이나 생각을 설명한다. 부정적인 감정을 느끼면 대부분의 사람들은 그 감정을 없애고 싶어한다는 것이다. 그

러나 이런 통념을 반박하면서, 그것을 피하는 것은 인생에서 성공하는 데 도움이 되지 않는다고 주장한다. 그리고 이에 대한 예시로 학교 프로젝트를 회피할 때 생길 수 있는 부정적 결과와 좋아하는 사람과의 대화가 불편하다는 이유로 그 사람을 피할 때 생기는 부정적 결과 등을 언급한다. 따라서 글의 주제로 가장 적절한 것은 ④ '부정적인 감정을 피하는 것의 나쁜 영향'이다.

정답 ④

15

explore 탐험하다   evolution 진화   automaton 자동 기계
cutting-edge 최첨단의   self-driving car 자율 주행 자동차
medical robot 의료 로봇   demonstration 시연   observe 관찰하다
innovation 혁신   interactive 상호작용의   reservation 예약
participation 참여   inquire 문의하다   admission 입장료
firsthand 직접

RoboSphere Museum에 오신 것을 환영합니다! 이곳에서 당신은 로봇 공학의 역사, 현재, 미래를 한자리에서 탐험할 수 있습니다.

<역사 갤러리>에서는 초기 자동 기계에서 현대 AI 로봇까지 로봇 기술의 진화에 대해 배울 수 있습니다. <미래 로봇 전시관>에는 자율 주행 자동차와 의료 로봇 같은 최첨단 기술이 포함되며, 방문객들은 시연을 관람하고 혁신을 목격할 수 있습니다. <체험 존>에서는 어린이와 성인이 모두 로봇을 조종하고 로봇과 소통하는 즐거움을 경험할 수 있습니다.

또한 박물관은 어린이를 위한 코딩 워크숍을 포함한 교육 프로그램을 제공합니다. 워크숍 참여를 위해서는 사전 예약이 필요하므로 미리 문의하시기 바랍니다.

박물관은 매일 오전 10시부터 오후 6시까지 운영되며 월요일은 휴관입니다.

• 입장료: 성인(18세 이상) ₩12,000
  어린이 ₩8,000 (36개월 미만 어린이 무료)

방문해서 로봇 공학의 미래를 직접 경험해 보세요!

① 방문객들은 <역사 갤러리>에서 로봇 기술의 발전을 볼 수 있다.
② 방문객들은 <미래 로봇 전시관>에서 로봇을 직접 조종할 수 있다.
③ 코딩 워크숍에 참여하려면 사전 예약이 필요하다.
④ 어린이 입장료는 성인 입장료보다 4,000원이 더 저렴하다.

해설

② 두 번째 문단의 두 번째 문장에서 <미래 로봇 전시관>에서는 최첨단 로봇 기술의 시연을 볼 수 있다고 했다. 또한 세 번째 문장에서 로봇을 직접 조종할 수 있는 것은 <체험 존>이라고 언급했다. 따라서 글의 내용과 일치하지 않는다.
① 두 번째 문단의 첫 번째 문장에서 <역사 갤러리>에서는 로봇 기술의 진화에 대해 배울 수 있다고 했으므로 글의 내용과 일치한다.
③ 세 번째 문단의 첫 번째 문장에서 코딩 워크숍이 개최된다고 했고, 두 번째 문장에서 워크숍에 참여하려면 사전 예약이 필요하다고 했으므로 글의 내용과 일치한다.
④ 글의 마지막 부분에서 성인 입장료는 12,000원이며 어린이는 8,000원이라고 했으므로 글의 내용과 일치한다.

정답 ②

16

transform 바꾸다   struggle 고통받다   mental health 정신 건강
learning challenge 학습 문제   fully 적어도   psychiatrist 정신과 의사
stigma 낙인   misinformation 잘못된 정보
lack of access 접근성 부족   onset 시작   symptom 증상
treatment 치료   deserve 자격이 있다
be dedicated to ~에 전념하다   disorder 장애   achieve 성취하다
evidence-based 근거 기반의   resource 자원
underserved 정부의 원조가 부족한   breakthrough 획기적인
thrive 성공하다   underprivileged 소외된

해석

아이들의 삶을 변화시키기

수백만 명의 아이들, 5명 중 1명에 달하는 아이들이 정신 건강 또는 학습 문제로 어려움을 겪고 있다. 미국 카운티의 적어도 70%는 소아 및 청소년 정신과 의사가 단 한 명도 없다. 낙인, 잘못된 정보, 그리고 의료 접근성 부족으로 인해 증상이 시작되고 나서 어떤 치료라도 받기까지 걸리는 평균 시간이 8년이 넘는다. 우리의 아이들은 더 나은 대우를 받을 자격이 있다.

아이들을 지원하기 위한 우리의 사명

이런 이유로 Child Mind Institute(CMI)가 설립되었다. 우리는 아이들에게 필요한 도움을 제공함으로써 정신 건강과 학습 장애로 어려움을 겪는 아이들과 가족들의 삶을 변화시키는 데 전념하고 있다. 이러한 목표를 달성하기 위해, 우리는 최고 수준의 근거 기반 치료를 제공하고, 매년 수백만 가족에게 교육 자료를 전달하며, 정부의 원조가 부족한 지역의 교사를 교육하고, 미래의 획기적인 치료법을 개발함으로써 최선을 다할 것이다.

함께, 우리는 모든 아이들이 성공하기 위해 필요한 지원을 받도록 할 수 있다.

① CMI는 아동의 정신 건강과 학습을 개선하는 것을 목표로 한다.
② CMI는 어려움을 겪는 가족들을 위해 교육 자료를 제공한다.
③ CMI는 소외된 지역의 교사 훈련에 중점을 둔다.
④ CMI는 의료 서비스의 치료 격차를 줄이려고 시도한다.

해설

첫 번째 문단에서는 정신 건강과 학습 문제를 겪고 있는 아이들의 수와 그 어려움에 대해 설명하고 있다. 첫 번째 문단에서 이러한 상황적 설명이 주어진 후, 두 번째 문단의 두 번째 문장에서 CMI의 설립 목표에 대해 설명하고 있다. 두 번째 문단의 세 번째 문장에서는 이러한 목표를 달성하기 위한 구체적인 실천 방안에 대한 설명이 이어진다. 따라서 이 글의 요지로 가장 적합한 것은 CMI의 설립 목표를 설명하는 ①이다. ②, ③은 목표를 달성하기 위한 실천 방안으로 언급되었으므로 글 전체의 내용을 포괄하는 요지가 될 수 없으며 ④는 언급되지 않았다.

정답 ①

17

conceive 구상하다   construct 제작하다   utilize 이용하다
strength 장점   precise 정밀한   common sense 상식
shared 공유된   enable 가능하게 하다   interaction 상호작용
rigid 엄격한   get something wrong ~에 대해 실수하다
slightly 조금이라도   insensible 분별없는   illogical 비논리적인
build up ~을 쌓아 올리다

해석
결국 기계는 사람들에 의해 구상되고 설계되며 제작되는데도 불구하고 상당히 제한적이다. (B) 인간과 달리, 그것들은 의미 있는 상호작용을 가능하게 하는 공유된 경험의 풍부한 역사가 부족하다. 대신에, 기계는 보통 다소 단순하고 엄격한 행동 규칙을 따른다. (C) 우리가 그 규칙에 대해 조금이라도 실수를 하면, 그것이 아무리 분별없고 비논리적이더라도 기계는 들은 대로 실행한다. 사람들은 상상력이 있고 창의적이며, 상식, 즉 오랜 시간의 경험으로 쌓인 귀중한 지식이 충만하다. (A) 하지만 이 장점들을 이용하는 대신에, 기계는 우리에게 정밀하기를 요구하는데, 그것은 우리가 별로 잘하지 못하는 것이다. 기계는 상식이 없다. 게다가, 기계가 따르는 규칙의 상당수는 오직 그 기계와 그것의 설계자만이 알고 있다.

해설
주어진 문장에서 기계는 인간이 만들어 내는데도 불구하고 상당히 제한적이라고 주장한다. (B)에서는 주어진 문장의 machines를 They로 받아서, 기계가 인간과 달리 어떻게 제한적인지 구체적으로 설명한다. 사람들은 경험의 풍부한 역사를 공유하는 반면에 기계는 단순하고 엄격한 행동 규칙만을 따른다는 것이다. (B)의 rather simple, rigid rules of behavior를 (C)에서 the rules로 받아서 기계의 한계에 대해 추가로 설명한다. 또한 사람들이 상상력이 창의력이 있고 상식이 풍부하다는 장점이 있다고 설명한 뒤 (A)에서 이것을 these strengths로 받는다. 기계는 이런 인간의 장점을 이용하지 않고 인간에게 부족한 정밀함과 정확성을 요구한다는 것이다. 따라서 글의 순서로 가장 적절한 것은 ② (B) – (C) – (A)이다.

정답 ②

18
어휘
water vapor 수증기   content 함유량   measure 측정값; 측정하다
temperature 온도   humidity 습도   absolute 절대적인
specific humidity 비습도: 정해진 질량의 공기에 있는 수증기의 양
relative 상대적인   proportion 비율   in relation to ~에 대한
vary 달라지다   process 과정   eventually 결국
condense 응결되다   dew point 이슬점

해석
공기 중의 수증기는 '습도'로 측정되며, 이는 절대 습도, 비습도, 그리고 상대 습도를 포함해, 여러 방식으로 측정될 수 있다. (①) 이들 중에서, 상대 습도는 가장 널리 사용되는 방법이다. (②) 그것은 공기가 포함할 수 있는 최대량에 대한 수증기의 비율로, 현재 있는 수증기량에 따라 달라진다. (③) 실제 수증기 함유량 외에, 이 측정값은 또한 온도에 따라서 달라진다. 더 따뜻한 공기는 더 많은 수증기를 포함할 수 있는 반면, 더 찬 공기는 더 적은 수증기를 포함한다. (④) 이 냉각 과정의 결과로, 공기는 '이슬점'으로 알려진, 수증기가 응결되기 시작하는 지점에 결국 도달하게 된다.

해설
습도의 측정 방식 가운데 특히 상대 습도에 대해 설명하는 글이다. 주어진 문장은 실제 수증기 함유량 외에, 온도에 따라서도 측정값이 달라진다고 했다. 그러므로 이 문장의 앞에는 수증기 함유량 때문에 측정값이 달라진다는 내용이 제시되고, 이 문장의 뒤에는 온도 때문에 측정값, 즉 상대 습도가 달라진다는 내용이 이어질 것으로 예측할 수 있다. ③의 앞에서 현재 수증기량에 따라 상대 습도가 달라진다고 했고 ③의 뒤에서 공기의 온도에 따른 수증기량의 차이를 설명하고 있다. 따라서 주어진 문장이 들어갈 위치는 ③이다.

정답 ③

19
어휘
socialization 사회화   decline 감소하다   significance 중요성
peasant 농부; 농민의   crucial 중대한   contributor 기여자
well-being 번영   contribute 기여하다   rearing 양육
sibling 형제자매   religious 종교적인   regulatory 규제하는

해석
사회화는 가족을 위해 경제적인 기능을 수행한다. 비록 현대 서구 사회에서 이 기능은 중요성이 급격히 감소했지만, 그것은 전 세계 많은 전통 사회에서 여전히 매우 중요하다. 첫 번째로, 아이들은 자라서 늙은 부모를 부양하도록 사회화된다. 두 번째로, 많은 농촌 마을에서, 아이들은 가족의 재정적 번영에 중대한 기여자이다. 예를 들어, 인도네시아 자바 마을에서, 9세에서 11세의 소녀들은 주당 약 38시간의 값진 노동을 제공하는 반면, 12세에서 14세의 소년들은 주당 33시간을 제공한다. 게다가, 그 아이들, 특히 소녀들은, 엄마들이 나가서 일할 수 있도록 어린 형제자매의 양육을 대부분 한다.

① 종교적인
③ 문화적인
④ 규제력을 지닌

해설
첫 번째 문장이 주제문으로, 주제문을 완성하는 문제이다. 주제문 뒤에 오는 부연 설명을 통해 빈칸의 내용을 추측해야 한다. 빈칸 뒤의 문장에서 현대 서구 사회에서는 이 기능의 중요성이 감소했지만, 전통 사회에서는 여전히 중요하다고 언급한다. 이후 그에 대한 구체적인 예시로 자라서 늙은 부모를 부양하는 것, 많은 농촌 마을에서 가족의 재정적 번영에 중대한 기여자 역할을 하는 것, 어머니가 일을 할 수 있게 어린 동생들을 양육하는 것이 언급된다. 즉, 주로 전통 사회에서 아이들이 가족의 경제적인 측면에 도움이 되도록 사회화된다는 것이 글의 요지이다. 따라서 ② '경제적인'이 빈칸에 들어갈 말로 가장 적절하다. ① 종교적, ③ 문화적, ④ 규제력에 대한 내용은 본문에 언급되지 않았으므로 정답이 될 수 없다.

정답 ②

20
어휘
stimulation 자극   sensory system 감각기관   adaptation 적응
exposure 노출   chronically 만성적으로   ambient 주변의
intensity 강도   perceptual change 지각 변화   profound 심각한
durable 오래가는   absence 부재   elicit 끌어내다
transient 일시적인   parameter 요소   responsiveness 반응(성)
inability 불능

해석
지속적인 자극에 이어 발생하는 반응성 감소는 후각을 포함한 모든 감각기관에 공통되며, 이는 적응으로 알려져 있다. 만성적으로 존재하는 주변의 냄새에 지속적으로 노출되면, 사람들의 냄새 강도에 대한 지각은 현저히 감소한다. 게다가 이런 지각 변화는 심각하고 오래 지속될 수 있다. 냄새가 나는 환경으로부터 오래 벗어난 다음에 다시 노출되는 것도 원래의 강도에 대한 지각을 여전히 끌어내지 못할 수도 있다고 흔히 보고된다. 냄새 적응에 대한 대부분의 연구는 자극 감지 또는 인지 강도에서 상대적으로 짧은 기간의 변화를 조사하였지만, 냄새 적응이 상대적으로 짧은 노출에 나타날 수 있기 때문에, 이런 지속 시간은 이 현상의 많은 요소들을 조사하는 데 충분하다.

② 민감도 증가

③ 완전한 적응 불능
④ 짧은 노출 시간

해설

글의 중심 소재는 후각(냄새) 적응이고 주제문은 빈칸이 있는 첫 번째 문장으로, 감각기관을 사용하다 보면 그것이 적응하게 되는 현상을 표현하는 말이 빈칸에 들어가야 한다. 두 번째 문장부터는 후각이 적응하는 현상에 대한 부연 설명이 이어진다. 우선 자극을 계속 받으면 후각 기능이 떨어지게 되고, 자극이 중지되었다가 다시 자극을 받아도 기능이 회복되지는 않으며, 이런 후각 적응은 짧은 노출로도 일어난다는 것이다. 즉, 후각은 자극을 받으면 이에 적응하여 반응이 약해진다는 내용이다. 따라서 정답은 ① '반응성 감소'이다.

정답 ①

제 7 회 실전동형 모의고사 Vol.2

01	③	02	④	03	③	04	②	05	④
06	②	07	①	08	④	09	④	10	①
11	②	12	④	13	④	14	④	15	④
16	①	17	③	18	③	19	②	20	②

01

어휘

rigid 경직된   strict 엄격한   management 관리   promote 장려하다
handle 다루다   efficiency 효율성   creativity 창의성
objective 객관적인   complicated 난해한   flexible 유연한
limited 제한된

해석

종종 경직되고 엄격한 전통적인 접근법과는 달리 새로운 관리 시스템은 효율성과 창의성을 향상시키기 위해 업무를 다루는 더 <u>유연한</u> 방식을 장려한다.

정답 ③

02

어휘

protect 보호하다   identity 신원   informant 정보제공자
detective 수사관   involvement 개입   modify 변경하다
expand 확대하다   expose 노출하다   conceal 숨기다

해석

정보제공자의 신원을 보호하기 위해, 그 수사관은 이번 사건에서의 그의 개입을 <u>숨기기로</u> 선택했다.

정답 ④

03

어휘

consistently 꾸준히   achieve 성취하다   ambition 야망

해석

당신이 기술을 더 꾸준히 연습하면 할수록, 당신이 야망을 성취하는 것에 성공할 가능성이 더욱 높아진다.

해설

문법 포인트 비교 사용 표현 「The 비교급 S' + V', the 비교급 S + V」의 형태로 'S'가 V'하면 할수록, S는 더욱 V하다'라는 의미를 표현할 수 있다. 이때 비교급으로 쓰인 형용사나 부사는 more와 떨어지면 안 된다. 따라서 ③ the more likely you are가 사용되어야 한다.

정답 ③

04

어휘

intuition 직감   gut feeling 제육감   subtle 미묘한   aspect 측면
perception 지각   represent 표현하다   stem 유래하다

spiritual 정신적인   insight 통찰력   grasp 이해   logical 논리적인
reasoning 추론   define 정의하다   swift 기민한
subconscious 잠재의식(의)   process 처리하다   experience 경험
draw 이끌어내다   accurate 정확한   conclusion 결론
consciously 의식적으로   analyze 분석하다

해석
종종 "제육감"으로 알려진 직감은 인간 지각의 강하고 섬세한 측면이다. 인도철학에서 pragya는 직감을 정신적 통찰에서 유래한 더 높은 지식으로 표현하고 논리적인 추론을 뛰어넘어 진리에 대한 직접적인 이해를 제공한다. 현대 과학은 직감을 다르게 보는데 이것을 패턴과 경험을 처리하는 것에 의해 기민하고 잠재의식적인 결정을 내리는 뇌의 능력으로 정의한다. 연구자들은 이러한 능력이 우리로 하여금 종종 모든 정보를 의식적으로 분석하지 않고 정확한 결론을 빠르게 이끌어낼 수 있게 한다고 시사한다.

해설
② 문법 포인트 분사구문 앞에 완전한 절이 나와 접속사 없이 다시 동사가 나올 수 없다. 문맥상 앞 절의 주어인 Modern science를 의미상의 주어로 하는 분사구문으로 고쳐주어야 한다. 뒤에 목적어도 있고 '현대 과학이 정의한다'는 능동의 의미이므로 defines는 defining으로 고쳐야 한다. (defines → defining)
① 문법 포인트 관계대명사의 선택 선행사 a form of higher knowledge를 수식하는 관계대명사인 that이 바르게 쓰였다.
③ 문법 포인트 명사절 접속사의 선택 suggest는 타동사로 명사절을 목적어로 취할 수 있다. 명사절 접속사 that이 바르게 쓰였다. 이 문장에서 suggest는 '제안하다'는 의미가 아니라 '시사하다'는 의미로 단순 사실절을 목적어로 취하고 있으므로 that절 안에 동사가 「(should) + 동사원형」이 아닌 일반동사가 쓰였다.
④ 문법 포인트 불완전타동사와 동작의 목적격보어 enable은 목적격보어로 to부정사를 취할 수 있다. to draw가 목적격보어로 바르게 쓰였다.

정답 ②

05
어휘
on the verge of 막 ~하려는   transfer 이송하다   advanced 고도의
significantly 상당히   shift 변화시키다   dynamics 역학관계
ongoing 지속적인   conflict 갈등   neighboring 이웃한
adversary 적   unnamed 이름을 밝히지 않은   transport 운송
bolster 강화하다   defense 방어   introduction 도입
arsenal 무기고   undermine 약화시키다   offensive 공격의
alter 바꾸다   strategic landscape 전략지형

해석
이 국가는 고도의 미사일들을 그 동유럽 국가로 막 이송하려는 중으로 이는 이웃한 적국과의 지속적인 갈등의 역학관계를 상당히 바꿀 수 있는 움직임이다. 이름을 밝히지 않은 관료의 보고에 따르면 이번 운송은 그 국가의 방어 능력을 강화하는 것을 목표로 하는 가을 군사원조 패키지의 일부이다. 이 국가의 무기고에 장거리 미사일이 도입되는 것은 적국의 공격 능력을 약화시키고 이 갈등의 전략지형을 바꿀 것으로 기대된다.

해설
④ 문법 포인트 등위접속사의 병렬 구조 동명사나 현재분사가 올 수 있는 자리가 아니며 문맥상 앞의 to undermine과 병렬을 이루어야 하므로 altering은 (to) alter로 고쳐야 한다. (altering → (to) alter)

① 문법 포인트 준동사 주요 표현 on the verge of는 '막 ~하려는'을 의미하는 표현으로 of가 전치사이므로 동명사 transferring이 바르게 쓰였다.
② 문법 포인트 현재분사 vs. 과거분사 package를 수식하는 과거분사로 aimed가 바르게 쓰였다. 이미 목표된 것이라는 의미로 과거분사로 쓰였다.
③ 문법 포인트 동사의 유형별 수동태 expect는 to부정사를 목적격보어로 취하는 동사이며 이때 수동태로 변형되면 목적격보어는 그대로 수동태 동사 뒤에 위치하게 된다. to undermine이 수동태 동사 뒤에 바르게 왔다.

정답 ④

06
어휘
rob 도둑질하다   steal 훔치다   target 표적   comfort 위로하다
out of order 고장 난

해석
A: 지난밤 옆집에 도둑이 들었다는 이야기 들었어?
B: 정말? 그분들은 괜찮아?
A: 아무 탈 없긴 한데, 가전제품을 몽땅 훔쳐 갔대.
B: 정말 안됐어. 우리 주택 보안 장치가 필요할 것 같아.
A: 네 말이 맞아. 우리 집이 다음 표적일지도 몰라. 보안 회사에 당장 전화해야겠어.

① 옆집에 들러서 위로해 주자
③ 경찰이 도둑을 찾을 거야
④ 보안 장치가 고장 났었대

정답 ②

07
어휘
confirm 확인하다   pick up 가져가다
Just to let you know 참고로 알려드리자면   frozen cake 냉동 케이크
ahead of time 미리   thaw 해동시키다   defrost 해동시키다
deliver 배달하다

해석
Anna Brown: 안녕하세요. 내일자 케이크 주문을 확인하려고 합니다. 오후 세시에 가져갈 거예요.
HappyCake Baker: 물론이죠. 확인할게요. 참고로 말씀드리자면, 냉동 케이크입니다.
Anna Brown: 네, 괜찮아요.
HappyCake Baker: 언제 제공하실 건가요?
Anna Brown: 그건 왜 물어보시죠?
HappyCake Baker: 케이크를 미리 꺼내서 해동시켜 제공할 준비를 할 수 있습니다.
Anna Brown: 아 알겠습니다. 파티는 오후 5시에 시작할 거예요.
HappyCake Baker: 알겠습니다. 해동시켜 5시에 드실 수 있게 확실히 준비하겠습니다.

② 가져가는 시간을 확인할 수 있을까요?
③ 대신 케이크의 배달을 원하시나요?
④ 내일까지 케이크를 얼린 상태로 두어야 하나요?

정답 ①

[08-09]

어휘

operation 운영   policy 정책   patient 환자   exceptional 뛰어난
appointment 예약   amenity 편의 시설   strive 노력하다
exceed 능가하다   expectation 기대   optimize 최적화하다
automated 자동화된   streamline 간소화하다   collaborate 협력하다
seamless 매끄러운   transition 전환   sustainability 지속 가능성
commitment 약속
environmental footprint 환경 발자국(환경 파괴 범위)
renewable 재생 가능한   waste disposal 폐기물 처리
implement 실행하다   yield 내다   fossil 화석
multiply 크게 증가시키다   obey 따르다   surrender 항복하다
produce 만들어 내다

해석

BrightHealth 병원 운영 정책

환자 진료
우리는 모든 환자에게 뛰어난 경험을 제공하는 것에 헌신하고 있습니다. 예약 대기 시간을 최소화하고 대기 공간과 식사 옵션과 같은 편의 시설을 개선함으로써 환자의 기대를 뛰어넘으려 노력합니다.

운영 효율성
우리는 치료 흐름을 개선하고 지연을 줄이기 위해서 병원 운영을 최적화하는 데 중점을 둡니다. 전자 건강 기록 및 자동화된 일정 관리와 같은 기술을 활용하여 환자 진료를 간소화하고, 원활한 진료 전환과 적시에 서비스를 제공할 수 있도록 직원 및 외부 파트너와 협력합니다.

지속 가능성에 대한 약속
우리는 환경 발자국을 줄이기 위해 친환경 의료 관행을 강조합니다. 이것은 병원 운영을 위해 재생 가능 에너지원을 사용하고 환경적으로 안전한 폐기물 처리를 촉진하는 것이 포함되며, 이것은 지역사회와 지구 둘 다에게 이로움을 줍니다. 이러한 시도는 성공적으로 실행되고 있으며 긍정적인 결과를 내고 있습니다.

08

① 편의 시설을 개선함으로써 환자 경험을 향상시킨다.
② 전자 기록과 일정 관리를 통해 환자 진료를 간소화한다.
③ 환경에 미치는 영향을 최소화하기 위해 친환경적 관행에 중점을 둔다.
④ 미래의 운영을 위해 화석 에너지로의 전환을 계획하고 있다.

해설

08

④ <지속 가능성에 대한 약속> 첫 번째 문장에서 환경 발자국을 줄이고, 두 번째 문장에서 재생 가능 에너지원을 사용하는 것이 포함된다고 하고 이를 성공적으로 실행 중이라고 했으므로 글의 내용과 일치하지 않는다.
① <환자 진료> 첫 번째 문장에서 환자들에게 뛰어난 경험을 제공하고, 두 번째 문장에서 편의 시설을 개선함으로써 환자의 기대를 뛰어넘으려고 노력한다고 했으므로 글의 내용과 일치한다.
② <운영 효율성> 두 번째 문장에서 전자 건강 기록 및 자동화된 일정 관리와 같은 기술을 활용하여 환자 진료를 간소화한다고 했으므로 글의 내용과 일치한다.
③ <지속 가능성에 대한 약속> 첫 번째 문장에서 환경 발자국을 줄이기 위해 친환경 의료 관행을 강조한다고 했으므로 글의 내용과 일치한다.

정답 08 ④ 09 ④

[10-11]

어휘

celebrate 기념하다   initiative 계획   combine 결합하다
awareness 인식   release 방생하다   figure 인형   craft 만들다
biodegradable 생물 분해성이 있는   cornstarch 옥수수 녹말
decompose 분해되다   symbolize 상징하다   compassion 연민
commitment 약속   ecosystem 생태계   inspiring 인상적인
wildlife 야생생물   precious 소중한

해석

(A) 연민을 실질적인 행동으로 전환하기

석가탄신일을 기념하기 위해 Green Harmony Initiative는 환경 인식을 정신적 가치와 결합하는 의미 있는 행사를 기획하고 있습니다.

올해 참가자들은 평화의 숲 공원의 로투스 연못에 생물 분해성이 있는 재료로 만들어진 동물 인형을 방생할 것입니다. 각 인형은 옥수수 전분을 기반으로 하는 재료로 만들어지며, 물속에서 30일 안에 분해되는 것을 보장합니다. 이 인형들은 살아있는 모든 생명체에 대한 연민과 환경을 보호한다는 약속을 상징합니다. 사용된 재료들은 자연적으로 분해되도록 만들어졌고, 생태계에 어떤 해도 끼치지 않습니다.

우리와 함께 영감을 주는 행사를 목격하고 더 푸른 지구에 기여하세요.

세부사항
• 장소: 평화의 숲 공원, 로투스 호수 근처
• 날짜: 2024년 5월 25일 (석가탄신일)
• 시간: 오전 11시

추가 정보를 원하시면 우리의 웹사이트 www.greenharmonyinitiative.org를 방문하시거나 우리 사무실 (456) 789-1234로 전화주세요.

10

② 야생생물을 기리기 위한 평화로운 하루
③ 우리의 소중한 지구를 함께 구하기
④ 친환경 생명체의 방생

해설

10

두 번째 문단의 첫 번째 문장에서 생물 분해성이 있는 재료로 만들어진 동물 인형을 방생한다고 했고 세 번째 문장에서 이 인형들은 살아있는 모든 생명체에 대한 연민과 환경을 보호한다는 약속을 상징한다고 했으므로 제목으로 가장 적절한 것은 ① '연민을 실질적인 행동으로 전환하기'이다.

11

② 두 번째 문단의 두 번째 문장에서 물속에서 30일 안에 분해된다고 했지 땅속에서의 분해는 언급되지 않아 글의 내용과 일치하지 않는다.

① 두 번째 문단의 첫 번째 문장에서 생물 분해성이 있는 재료로 만들어진 동물 인형을 방출할 것이라고 했으므로 글의 내용과 일치한다.
③ 두 번째 문단의 마지막 문장에서 생태계에 어떤 해도 끼치지 않는다고 했으므로 글의 내용과 일치한다.
④ <세부사항>의 장소에서 보면 평화의 숲 공원, 로투스 호수 근처라고 했으므로 글의 내용과 일치한다.

 10 ① 11 ②

12

어휘

postal 우편의   establish 설립하다   standardize 표준화하다
modernize 현대화하다   headquarter 본부를 두다
intergovernmental 정부 간의   mission 임무   seamless 원활한
uniform 동일한   cooperative 협력적인   delivery 배달
logistics 물류   sustainable 지속가능한   incorporate 포함시키다
apply 적용하다

해석

만국우편연합(UPU): 과거와 현재

만국우편연합(UPU)은 국제 우편 서비스를 표준화하기 위해 1874년 22개 회원국으로 설립되었다. 오늘날 192개 회원국을 포함하고 있고 우편 운영의 현대화에 집중하고 있다. 스위스 베른에 본부를 둔 만국우편연합은 가장 오래된 정부 간의 기구 중 하나이며 1948년에 UN의 특별 기구가 되었다. 그것의 주요한 임무는 국제 우편에 대한 동일한 요금과 표준을 세워 원활한 전 세계적인 우편 시스템을 보장하는 것이다. 이것은 또한 국제적인 특송 배달을 위해 국제특송우편(EMS) 같은 협력적인 서비스를 운영한다. 현재의 노력은 전자상거래 물류의 향상, 디지털 우편 기술의 개선 그리고 환경적으로 지속 가능한 관행의 개선에 집중한다.

① 국제적인 우편 표준을 제정하기 위해 22개 회원국으로 시작되었다.
② 1948년에 UN의 특별기구로 포함되었다.
③ 각국의 환경에 근거한 다양한 요율과 표준을 적용한다.
④ 전 세계적으로 환경적 지속 가능한 관행을 장려하려 노력한다.

해설

③ 네 번째 문장에서 국제 우편에 대한 동일한 요금과 표준을 세우는 것이 임무라고 했으므로 글의 내용과 일치하지 않는다.
① 첫 번째 문장에서 22개 회원국으로 시작했다고 했으므로 글의 내용과 일치한다.
② 세 번째 문장에서 1948년에 UN의 특별기구가 되었다고 했으므로 글의 내용과 일치한다.
④ 마지막 문장에서 환경적 지속가능한 관행의 향상에 집중한다고 했으므로 글의 내용과 일치한다.

 ③

13

어휘

generation 세대   forest fire 산불   tragic 비극적인
vegetation 초목   ash 재   enrich 비옥하게 하다
stimulate 촉진시키다   release 방출   temperature 온도
encase 감싸다   reach 도달하다   strengthen 강화하다
eliminate 제거하다   accumulate 축적되다   weed out 제거하다
competition 경쟁   nutrient 영양분   detrimental 해로운
natural disaster 자연재해   maintain 유지하다

해석

여러 세대에 걸쳐, 전문가들은 산불은 비극적이며 예방되어야만 한다고 경고해 왔으며, 산불이 넓은 자연 초목 지대를 종종 파괴한다는 것은 사실이다. 그러나 산불은 또한 새로운 성장을 만들어 낸다. 산불로 인해 생긴 재는 토양을 비옥하게 한다. 산불은 또한 새로운 씨앗의 방출을 촉진시킨다. 예를 들어, 로지폴 솔방울은 화씨 113° 이상의 온도가 씨앗을 감싸고 있는 왁스 코팅을 녹일 때만 새로운 씨앗을 방출한다. 산불은 또한 나무의 잎과 가지를 태워, 씨앗의 성장에 필요한 햇빛이 숲의 바닥에 도달하게 한다. 게다가, 산불은 기존의 식물 성장을 강화한다. 그들은 살아 있는 식물 주위에 축적된 죽은 물질을 제거한다. 산불은 또한 작은 식물을 제거하는 데 도움이 된다. 이처럼 살아있는 식물과 죽은 식물을 둘 다 제거하는 것은 물, 햇빛, 영양분, 그리고 공간에 대한 나머지 식물의 경쟁이 줄어들어, 더 강하게 자랄 수 있게 해 준다.

① 기후 변화 때문에 산불이 발생할 가능성이 더 높아졌다.
② 산불은 생태계에 여러 가지 면에서 해롭다.
③ 산불은 가장 비극적인 자연재해 중 하나이다.
④ 산불은 건강한 산림 유지에 긍정적인 영향을 미칠 수 있다.

해설

글의 중심 소재는 산불이다. 첫 번째 문장에서 산불이 비극적이므로 예방해야 한다고 언급한 후, 주제문인 두 번째 문장에서 However 이후 내용이 전환되어 산불이 새로운 성장에 긍정적일 수 있다고 이야기한다. 토양을 비옥하게 하고, 씨앗의 방출을 촉진시키고, 기존 식물의 강화와 같은 건강한 산림을 유지하게 하는 산불의 긍정적인 측면을 구체적으로 설명하고 있다. 따라서 글의 요지는 ④ '산불은 건강한 산림 유지에 긍정적인 영향을 미칠 수 있다.'가 가장 적절하다.

 ④

14

어휘

constantly 끊임없이   strive 애쓰다   temporarily 일시적으로
renovation 개보수   significant 큰   improvement 개선
welcoming 환영하는   atmosphere 분위기   install 설치하다
safety bar 안전 바   cushion padding 쿠션 패딩
renovate 개보수하다   state-of-the-art 최첨단의   equipment 장비
reschedule 일정을 변경하다   relocate 장소를 변경하다
detailed 자세한   apologize 사과하다   inconvenience 불편
closure 폐관

해석

수신: 모든 지역사회 구성원
발신: Bluecrest 주민센터 팀
날짜: 2025년 4월 15일
제목: 중요 공지사항

지역사회 구성원 여러분께,
저희는 제공하는 서비스를 개선하고 모든 방문객을 위한 더 나은 공간을 만들기 위해 끊임없이 애쓰고 있습니다. 이러한 노력의 일환으로 Bluecrest 주민센터는 2025년 5월 1일부터 5월 15일까지 개보수를 위해 일시적으로 폐관합니다.

이 기간 동안 저희는 센터를 크게 개선할 것입니다:
1. 더 환영받는 분위기 조성을 위한 메인 로비 재설계
2. 더 안전한 환경을 보장하기 위해 어린이 놀이 공간에 안전 바와 쿠션 패딩 설치
3. 수업과 행사를 위한 최첨단 장비를 갖춘 커뮤니티 주방 개보수

모든 행사와 수업은 일정이 변경되거나 장소가 변경될 예정입니다. 더 궁금한 점

이 있으시면 언제든지 admin@bluecrestcenter.com으로 연락하시거나 (555) 987-6543으로 전화해 주세요.

진심으로,
Bluecrest 주민센터 팀

① 다가오는 행사와 수업에 대한 자세한 일정을 제공하려고
② 센터에서 곧 있을 행사에 참석하도록 구성원들을 권고하려고
③ 센터 개보수로 인한 불편에 대해 사과하려고
④ 센터의 폐관 및 개보수에 대해 센터 구성원에게 알리려고

해석
첫 번째 문단의 두 번째 문장에서 주민센터 개보수를 위해 임시 폐관한다고 하였고 두 번째 문단에서 구체적인 개보수 내용을 언급하고, 마지막 문단에서 행사와 수업의 일정과 장소도 변경된다고 하므로 글의 목적으로 가장 적절한 것은 ④ '센터의 폐관 및 개보수에 대해 센터 구성원에게 알리려고'이다.

정답 ④

15

어휘
step 조치 address 다루다 concerns (pl.) 우려 maintain 유지하다
fair 공정한 criticism 비판 handle 다루다 copyright 저작권
claim 청구 ongoing 지속적인 dispute 분쟁 false 잘못된
suppress 억압하다 redirect 방향을 바꾸다 revenue 수입
struggle 몸부림치다 unclear 불명확한 unfair 불공정한
removal 삭제 tackle 해결하다 simplify 단순화하다
challenge 이의를 제기하다 transparency 투명성
imbalance 불균형 corporation 기업

해석
YouTube는 자신의 저작권 청구를 다루는 것에 대해 상당한 비판에 직면하는데 이는 창작자들 사이의 지속적인 분쟁으로 이어졌다. (①) 많은 창작자들은 그들의 콘텐츠를 억압하고 광고 수입을 가로채는 데 사용되는 허위 저작권 청구를 보고했다. (②) 더 작은 창작자들은 종종 불명확한 저작권 지침으로 어려움을 겪는데 이는 영상의 불공정한 삭제로 이어진다. (③) 이러한 문제들을 다루기 위해 YouTube는 창작자들이 청구에 이의를 신청하는 것을 단순화하고 더 나은 투명성을 제공하는 새로운 분쟁 시스템을 도입했다. (④) <u>이 조치로 YouTube는 공정한 시스템을 유지하면서 창작자들의 우려를 다루는 것을 목표로 한다.</u> 그러나 일부는 그 변화가 여전히 개인 창작자와 기업 사이의 힘의 불균형을 다루지 못한다고 주장한다.

해설
주어진 문장의 this step으로 보아 이 앞에는 YouTube가 취한 조치가 나오고, 뒤에는 이에 대한 부연 설명이 나올 것임을 알 수 있다. 도입부와 ③의 앞부분까지는 창작자 사이의 저작권 분쟁이 있다고 언급하고 있고 ③ 뒤에 이를 다루기 위해 새로운 분쟁 시스템을 도입했다고 말한다. 이 새로운 분쟁 시스템이 this step을 의미하므로 주어진 문장은 ④에 들어가야 한다. 이후 여전히 다루지 못한다는 부연 설명이 이어져 ④가 바름을 알 수 있다.

정답 ④

16

어휘
sensitive 민감한 take in ~을 받아들이다 input 입력
a world of 많은 embolden 대담하게 만들다
undaunted 두려워하지 않는 workout 운동 batter 구타하다
defeat 패배시키다 separate 구분 짓다 resilience 회복력
withstand 견디다 depression 우울증 possess 소유하다
visionary 선견지명이 있는 boost 강화시키다 external 외부의
resilient 회복력 있는 enhance 향상시키다 strategic 전략적인

해석
당신의 뇌는 매일 수백만 개의 자극을 받아들이는 매우 민감한 안테나이며, 더 예민한 뇌에 관해서라면 우리가 이러한 입력을 어떻게 처리하느냐가 매우 큰 차이를 만들 수 있다. 예를 들어, 나는 뉴스에 나오는 사건들에 의해 완전히 압도된 많은 사람들을 알고 있는데, 반면에 다른 사람들은 대담하고 두려워하지 않는다. 당신의 뇌는 좋은 운동처럼 당신이 경험하는 것에 의해 강화될 수도 있고, 또는 구타당하고 패배할 수도 있다. 이 두 진영의 사람들을 구분 짓는 것은 무엇일까? 정답은 회복력이다. 회복력이 있는 뇌는 계속되는 외상을 견딜 수 있고, 다르게 생각할 수 있고, 우울증을 포함한 뇌 관련 질병을 예방할 수 있다. 게다가, 회복력 있는 뇌를 소유하는 것은 전략적이고 선견지명이 있는 사상가들과 더 평범한 사상가들을 구분 짓는 것이다. 그것은 도전적인 경험으로 뇌를 향상시키는 능력이다.

① 뇌를 강화하는 연료로서의 회복력
② 외부의 자극이 뇌 기능을 형성하는 방식
③ 더 회복력 있는 뇌를 위한 휴식
④ 전략적인 사고를 향상시키기 위한 뇌 운동

해설
글의 중심 소재는 뇌의 회복력이고, 회복력의 유무에 따라서 우리의 뇌는 외부 입력을 다르게 받아들인다는 내용이다. 어떤 사람들의 뇌는 외부 입력을 두려워하지 않고 그것에 의해 강화될 수 있지만, 어떤 사람들의 뇌는 외부 입력에 압도되고 패배할 수도 있다고 제시한다. 그런 다음, 이 둘을 구분 짓는 것이 회복력이라고 주장한다. 그러면서 마지막 문장에서 회복력은 뇌를 향상시키는 능력이라고 말했다. 회복력이 있는 뇌와 없는 뇌를 여러 가지 상황을 제시하면서 대조하고 있다. 그러므로 이 글의 주제로 가장 적절한 것은 '① 뇌를 강화하는 연료로서의 회복력'이다.

정답 ①

17

어휘
systematic 체계적인 relativism 상대주의 determine 결정하다
specific 특정한 quality 특징 observer 관찰자 preference 선호
and so forth 등등 perception 인식 extreme 극단적인
consequence 결과 unsettling 불안한 moral code 도덕률
absolutely 절대적으로 superior to ~보다 우월한

해석
소피스트들은 진리가 상대적이라고 결론지은 최초의 체계적인 사상가들 가운데 포함되었다. 상대주의는 지식이 관찰자의 특정한 특징에 의해 결정된다는 믿음이다. ① 예를 들어, 소피스트들은 출생지, 가족 습관, 개인의 능력과 선호, 종교적인 훈련, 나이 등등이 개인의 믿음, 가치관, 그리고 인식조차도 통제한다고 주장했다. ② 이 주의를 근거로 소피스트들은 우리가 우리 문화에 따라 그 순간에 진리처럼 보이는 것만 단지 받아들이면 된다고 주장했다. ③ <u>대부분의 소피스트들은 아테네 이외의 도시 출신으로 보통 그들의 도시에서 강한 정치적 책임을 가지고 있는 부유하고 영향력 있는 가문에 속해 있었다.</u> ④ 가장 극단적인 소피스트들은 같은 문화권 안에서조차 개인이 자기 나름의 진리를 가지고 있다고 주장했다. 이 입장의 결과는 불안할 수 있다; 만약 궁극적 진리가 존재하지 않으면, 보편적으로 옳거나 다른 것보다 절대적으로 우월한 도덕률은 없다.

해설
이 글의 중심 소재는 소피스트들이고 소피스트들이 주장한 상대주의에 대해서 설명한다. 첫 번째 문장에서 소피스트들이 진리의 상대성을 주장한 최초의 사상가에 포함된다고 소개한다. ①, ②, ④는 모두 소피스트들이 주장하는 진리의 상대성에 대한 견해를 설명하고 있다. 그러나 ③은 소피스트들의 출생 배경에 관한 설명을 하고 있다. 따라서 글의 흐름상 가장 어색한 문장은 ③이다.

정답 ③

18
어휘
upset 화가 난   praise 칭찬하다   regard 여기다   insult 모욕
adolescent 청소년   annoyed 화가 난   complain 불평하다
secretive 비밀이 많은   dignity 권위   childish 유치한
shock 충격을 주다   resolve 결심하다   accuse 비난하다
disloyalty 배신   spiteful 악의적인

해석
부모들은 자녀들이 친구의 집을 칭찬하면 종종 기분이 상하고, 그것을 그들 자신의 요리, 청소, 가구에 대한 모욕으로 여기며, 청소년 자녀들에게 그들이 화났음을 보여 줄 정도로 종종 어리석다. (C) 부모들은 심지어 자녀들의 배신을 비난하거나 그 친구의 부모들에 대해 악의적인 발언까지 할지도 모른다. (B) 어른들쪽의 그런 권위 상실, 혹은 유치한 행동은 청소년기 자녀에게 심한 충격을 주어서 그 아이들은 자신들이 방문하는 곳이나 사람에 대해서 앞으로는 부모에게 이야기하지 않겠다고 결심하게 만든다. (A) 얼마 지나지 않아 부모들은 아이가 너무 비밀이 많아 자신들에게 아무것도 말하지 않는다고 불평하게 될 것이지만 그들은 자신들이 스스로 이런 일을 자초했다는 것을 깨닫지 못한다.

해설
주어진 문장에서는 자식들이 친구의 집을 칭찬했을 때의 부모들의 잘못된 반응에 대해 서술하고 있다. 주어진 문장의 부모들이 아이들 앞에서 화를 내는 내용을 (C)에서 even accuse로 더 강하게 받아 부연 설명을 하고 있고, (C)의 They가 주어진 문장의 Parents와 연결되고 them은 the adolescents와 연결된다. (B)의 Such a loss of dignity, or childish behavior는 주어진 문장과 (C)에서 언급된 부모의 행동들을 지칭한다. 그리고 (B)의 resolve that in future they will not talk to their parents를 (A)에서 is so secretive and never tells로 받아 그 결과를 설명하는 글이므로 (A)가 제일 뒤에 와야 한다. 따라서 가장 적절한 글의 순서는 ③ (C) - (B) - (A)이다.

정답 ③

19
어휘
rare 드문   commercial 상업적인   alternative 대체재
do without ~없이 지내다   believe in ~의 존재를 믿다
struggle to ~하려고 애쓰다   fit into ~에 적합하다   close-knit 긴밀한
bond 결속; 결속하다   mutual 공동의   antipathy 반감
stick to ~을 고수하다   loathe 몹시 싫어하다   confidence 확신
grind one's gears ~을 몹시 화나게 하다   acquaintance 지인
mutuality 상호관계   dislike 반감

해석
상업적 이해관계로 가득 찬 세상에서 요즘 우정은 더 드문 것이 되어가고 있다. 새로운 데이트 앱이나, SNS처럼 친구의 대체재들이 아주 많아서 언젠가 당신은 친구 없이도 살 수 있다고 생각할 수도 있을 것이다. 그러나 여전히 어떤 사람들은 우정을 믿고 싶어 하고 가까운 친구 무리와 어울리려고 노력한다. 흥미롭게도 사람들은 비슷한 취향을 가진 사람과 강한 결속을 형성하려고 애쓰는 실수를 종종 한다. 그러나 우정을 쌓는 데는 공동의 반감이 훨씬 더 중요하다; 즉 우정은 공유된 반감이 핵심이다. 당신은 그것이 등산이든 캐러멜 라테이든 그들이 당신과 같은 것을 고수하기 때문에 그들과 친구가 되는 것이 아니다. 당신들이 둘 다 같은 것을 몹시 싫어할 때, 당신은 전혀 새로운 차원에서 친구와 결속한다. 우정의 핵심은 당신을 몹시 화나게 하는 것이 그들 역시 화나게 한다는 따뜻한 확신의 감정이다. 이것이 가벼운 지인 관계와 진정한 우정의 차이이다.

① 상호관계가 나머지 역할을 하는 것 같다
③ 우정에서의 중요도가 중요하다
④ 같은 취미를 고수하는 것이 중요할 수 있다

해설
이 글의 중심 소재는 우정이며, However로 시작하는 주제문을 완성하는 문제이다. that is는 '즉'이라는 앞의 문장을 재진술하는 전환어이므로 앞의 문장에 근거하여 빈칸을 유추할 수 있다. 또한 빈칸이 글의 가운데 부분에 있는 것으로 보아, 글의 뒷부분에서 빈칸의 근거를 확인할 수 있다. 글쓴이는 사람들이 비슷한 취향을 가진 사람과 우정을 쌓으려 애쓰는 실수를 한다고 말한 후, However 뒤에서 우정에 있어서는 공통된 반감이 훨씬 중요하다고 말한다. 그리고 빈칸 뒤에서 사람들은 서로 같은 것을 싫어할 때 결속하기에 우정의 핵심은 같은 것을 싫어하는 것이라고 설명한다. 따라서 빈칸에 들어갈 것은 ② '우정은 공유된 반감이 핵심이다'가 가장 적절하다. ④는 본문과는 오히려 반대의 내용을 담고 있으므로 답이 될 수 없다.

정답 ②

20
어휘
employer 고용주   blurred 모호한   boundary 경계
translate 바뀌다   productivity 생산성   bound 얽매인
workplace 직장   have access to ~에게 접근할 수 있다
employee 직원   workday 근무 시간   abuse 남용하다
cyberloaf 근무 시간에 인터넷 서핑을 하다
cyberslacking 사이버슬래킹: 근무 시간에 주식 거래나 게임 등 업무 이외의 용 도로 인터넷을 사용함으로써 업무에 방해되는 모든 행위
attend to ~에 몰두하다, ~을 처리하다   flexibility 유연성
restricted 한정된   infringe 침해하다

해석
고용주에게 일과 가정 사이의 애매해진 경계는 더 높은 생산성으로 바뀔 수 있다. 일은 더 이상 근무 시간 동안 직장에 얽매이지 않는다. 고용주는 직장을 떠나 있는 직원의 시간에 접근하고 요구를 할 수 있다. 하지만, 직원이 근무 시간에 인터넷 서핑을 하거나 업무 이외의 용도로 인터넷을 사용함으로써, 즉 근무 시간에 개인적인 문제나 오락에 지나치게 몰두함으로써 인터넷 접속을 남용할 때 근무 시간 동안의 생산성은 사라지게 된다. 직원에게 있어, 애매해진 경계는 더 큰 유연성을 의미한다. 근무 시간과 장소에 한정되기보다, 근무자는 전통적인 근무 시간에 사적인 문제를 처리할 수 있고 다른 때에 업무를 끝마칠 수 있다. 하지만, 그러한 유연성은 일이 가족이나 개인 시간을 침해하게 할 수 있다. 그래서 애매해진 경계는 이익이 될 수도, 해가 될 수도 있다.

① 일은 안 하고 놀기만 하게 할 수도
③ 약자보다 강자를 편애할 수도
④ 양측 모두 이득을 얻게할 수도

해설

재택근무로 인한 일과 가정 사이의 모호해진 경계를 고용주의 입장과 직원의 입장에서 각각 생산성과 유연성이라는 측면으로 다루고 있다. 고용주의 입장에서 일과 가정 사이의 모호한 경계는 생산성의 향상을 가져올 수 있지만, 직원이 개인적인 용도로 인터넷 접속을 남용할 때는 생산성을 잃는 문제점을 지적한다. 직원의 입장에서 모호한 경계는 유연성이 향상되는 장점이 있지만, 그러한 유연성은 가족이나 개인 시간을 침해할 수 있다고 문제점을 지적한다. 따라서 빈칸에는 긍정적, 부정적 측면이 동시에 존재함을 나타내는 ② '이익이 될 수도, 해가 될 수도'가 가장 적절하다. ④의 경우, 긍정적인 측면만을 글에서 언급한 것이 아니므로 답이 될 수 없다.

정답 ②

01	②	02	④	03	①	04	③	05	③
06	③	07	①	08	②	09	①	10	③
11	②	12	③	13	④	14	③	15	③
16	②	17	②	18	①	19	③	20	④

01

어휘
unforeseen 예측하지 못한   cite 이유로 들다
insurmountable 극복할 수 없는   pursue 추구하다
abandon 포기하다   improve 향상시키다   sustain 지속하다

해석
예측하지 못한 난관에 직면하자, 리더는 극복할 수 없는 어려움을 이유로 들어 프로젝트를 포기하기로 결정했다.

정답 ②

02

어휘
yield 산출하다   comparable 비슷한   condition 조건   distinct 다른
incompatible 양립할 수 없는   unrelated 관련이 없는
analogous 유사한

해석
이 두 과정은 유사하다; 둘 다 비슷한 구조를 따르며, 유사한 조건에서 비슷한 결과를 산출한다.

정답 ④

03

어휘
stare 바라보다   disbelief 불신

해석
그 소식은 너무나 놀라워서 방에 있던 모든 사람들은 한 마디도 하지 않은 채 믿을 수 없다는 듯이 서로를 바라보았다.

해설
문법 포인트 현재분사 vs. 과거분사 / 도치   surprise의 주체는 the news로 news가 놀라게 하는 뜻이므로 현재분사인 surprising이 되어야 한다. so 뒤에는 형용사나 부사가 오고 such는 한정사이므로 뒤에 명사가 와야 한다. 따라서 빈칸에는 ① So surprising이 들어가야 한다. 또한 so나 such가 강조를 위해 문장의 앞으로 가는 경우 주어와 동사는 도치되어야 한다. 주어 the news와 동사 was가 바르게 도치되었다.

정답 ①

04

어휘
eclipse 소멸   snail mail 일반 우편   instant 즉각적인

predict 예견하다   consumption 소비   material 자료
household 가정

해석
즉각적인 전자 세계의 시대에 '일반 우편'의 소멸은 적어도 종이 없는 사무실의 도래만큼 자주 예견되어 왔다. 그러나 종이 소비는 계속 증가하고 있다. 우편으로 운반되는 자료의 흐름도 그러하다. 평균적으로, 모든 미국 가정은 1970년대보다 하루에 두 배 더 많은 우편물을 받는다.

해설
③ 문법 포인트 도치 '또한 ~도 그렇다'는 뜻으로 so가 쓰일 경우 뒤에 주어와 동사가 도치된다. 이때 동사가 일반동사인 경우 do동사로 대신해야 한다. 앞의 keeps rising을 대신해야 하므로 is는 does로 고쳐야 한다. (is → does)
① 문법 포인트 주어 – 동사 수 일치 / 능동태 vs. 수동태 구분 주어는 The eclipse로 단수이므로 단수형 동사인 has가 바르게 쓰였다. 문맥상 소멸이 예견된다는 것이므로 수동태 표현 역시 바르게 쓰였다.
② 문법 포인트 완전타동사와 동작의 목적어 동사 keep은 동명사를 목적어로 취한다. 동명사 rising이 목적어로 바르게 쓰였다.
④ 문법 포인트 비교 사용 표현 '몇 배만큼 ~하다'라는 의미를 전달하기 위해서는 배수사를 앞에 넣고 뒤에 원급 비교 또는 비교급 비교를 쓴다. 배수사 중 twice는 원급 비교에만 쓸 수 있으므로 원급 비교가 바르게 쓰였다.

정답 ③

05
어휘
revolve 돌다   timeless 시대를 초월한   advanced 발달한
brewing 양조   essence 본질   relaxation 휴식   light 부드러운
variety 종류   relief 기분 전환   solidify 확고하게 하다

해석
맥주는 전 세계 사람들에게 오랫동안 사랑받아 온 인기 있는 음료이고, 무엇이 그것을 그렇게 시대를 초월한 사랑받는 존재로 만드는지에 대한 많은 논쟁들이 돌아다닌다. 양조 방법이 아무리 발전해도, 사회적이고 문화적인 음료로서 맥주의 본질은 변하지 않고 유지된다. 그것은 종종 휴식의 보편적인 상징으로 여겨지며, 크고 작은 기념행사들에서 친구들과 공동체를 하나로 묶어준다. 일부 맥주, 특히 더 부드러운 종류들은 더운 여름날에 완벽한 기분 전환을 제공할 정도로 상쾌해서, 그 인기를 더욱 확고하게 한다.

해설
③ 문법 포인트 동사의 유형별 수동태 regard는 「regard A as B」의 형태로 전치사구를 목적격 보어로 사용하는 불완전타동사이다. 수동태로 사용될 때 전치사구를 그대로 가져가야 하기 때문에 as를 생략할 수 없다. (regarded → regarded as)
① 문법 포인트 명사절 접속사의 선택 전치사 around의 목적어 자리라서 명사절이 들어가야 하는데, 뒷부분에 주어가 없는 불완전한 절이 왔기 때문에 주어의 역할을 함께 할 수 있는 what이 바르게 쓰였다.
② 문법 포인트 주요 양보구문 advanced라는 형용사를 수식해야 하므로 no matter how가 바르게 쓰였다.
④ 문법 포인트 형용사 vs. 부사 enough가 부사로서 형용사나 다른 부사를 수식할 때 수식받는 단어의 뒤에 사용되어야 하므로 refreshing enough가 바르게 쓰였다.

정답 ③

06
어휘
charge 청구하다

해석
A: 제 계산서를 좀 주시겠습니까?
B: 물론이죠, 여기 있습니다. 모든 게 잘 되었는지 확인해보세요.
A: 실수가 있는 것 같습니다.
B: 아, 정말요? 제가 요금을 다시 확인해 드리겠습니다.
A: 네, 부탁드립니다. 예상했던 것보다 훨씬 비쌉니다.
B: 아, 이제 알겠습니다. 동일한 항목이 두 번 청구된 것 같습니다.
A: 확인해 주셔서 감사합니다. 수정 부탁드립니다.

① 다 괜찮아 보입니다, 감사합니다.
② 총액에 대한 세금이 얼마인가요?
④ 이 계산서에 할인을 적용해 주실 수 있습니까?

정답 ③

07
어휘
confirm 확정하다

해석
John Smith: 안녕하세요, 오늘 오후 6시 수업을 내일 같은 시간으로 변경하고 싶습니다.
EnglishPro Manager: 확인해 보겠습니다.
John Smith: 네, 감사합니다.
EnglishPro Manager: 내일 오후 6시에 선생님께서 다른 학생과 수업이 있습니다.
John Smith: 아, 그렇군요. 그러면 대신에 내일 오후 6시에 다른 선생님과 수업이 가능할까요?
EnglishPro Manager: 확인해 보겠습니다... 네, 가능합니다. 일정을 업데이트 하겠습니다.
John Smith: 도와주셔서 정말 감사드립니다.

② 일정 변경 요청이 확정되었습니다
③ 내일은 이용 가능한 수업이 없습니다
④ 내일 오후 6시에 다른 선생님들은 시간이 없습니다

정답 ①

[08-09]
어휘
considerable 상당한   inconvenience 불편   recently 최근에
double park 이중 주차를 하다   peak time 최고로 혼잡한 때
resident 주민   accessibility 접근성   disrupt 방해하다
pose 제기하다   pedestrian 보행자   emergency 비상
mitigate 완화시키다   rigorous 철저한   enforcement 시행
transitory 일시적인   intervention 개입   promptly 신속히
measure 조치   discourage 막다   prompt 신속한
temporary 일시적인   sporadic 산발적인   preventive 예방하는
appropriate 적절한

해석

수신: 시 교통부
발신: 에밀리 브론테
날짜: 3월 15일
제목: 주차 문제에 관하여

관계자분께,

우리 지역에서 상당한 불편을 초래하고 있는 문제에 대해 말씀드리고자 글을 씁니다. 최근, 특히 최고로 혼잡한 때에, 이중 주차 차량이 눈에 띄게 증가하고 있습니다.
이 지역 주민으로서, 도로의 안전성과 접근성이 우려됩니다. 이중 주차는 교통 흐름을 방해할 뿐만 아니라 보행자와 가로막는 것이 없는 도로가 필요한 비상 차량들에도 위험을 제기합니다. 막힌 차선은 지연과 위험한 상황을 종종 초래하고 있고 더 철저한 법 시행을 통해 완화될 수 있었을 것입니다.

이 문제를 신속히 해결하기 위해 일시적인 개입을 해 주시고 이중 주차를 방지하기 위한 장기적인 조치를 마련해주시기를 요청드립니다. 이 문제를 고려해주셔서 감사드리며, 우리 지역의 도로가 더욱 안전해질 수 있도록 신속한 관심을 가져주셔서 감사합니다.

진심으로,
에밀리 브론테

해설

08

첫 번째 문단에서 이중 주차 차량이 늘어났다는 문제를 지적하고 세 번째 문단에서 이중 주차에 대한 해결책을 마련해달라고 하고 있다. 그러므로 글의 목적으로 가장 적절한 것은 ② '이중 주차로 인해 발생하는 문제 해결을 요청하려고'이다.

정답 08 ② 09 ①

[10-11]

어휘

craft 만들다 **sanding** 연마작업 **finishing** 마무리 작업
process 과정 **expert** 전문가 **artisan** 장인 **hands-on** 실습의
craftsmanship 장인 정신 **opportunity** 기회 **lasting** 오래가는
essential 필수품 **passion** 열정 **timeless** 시간을 초월한

해석

(A) 창의력으로 도마 만들기

진정으로 나만의 무언가를 만들어 보고 싶었던 적이 있나요? 나무를 선택하는 것부터 연마와 마무리 작업까지, 전문가 장인들의 지도를 받으며 이 과정의 모든 단계를 배울 수 있습니다. 이 실습 행사에서 당신은 자신만의 나무 도마를 디자인하고 제작하게 됩니다. 창의성과 장인 정신이 만나는 "Design & Dine: Cutting Board Workshop"에 참여해 보세요.

오래도록 사용할 주방 필수품을 만들고, 다과와 음료를 즐기며 수공예에 대한 당신의 열정을 공유하는 사람들과 교류할 수 있는 이번 기회를 놓치지 마세요.

행사 세부사항
- 장소: 주민 공예 센터, 101호
- 날짜: 2025년 2월 8일 토요일
- 시간: 오전 10시 – 오후 2시

등록 및 추가 세부사항은 www.designanddineworkshop.com를 방문하시거나 (555) 678-9012로 연락해 주세요.

10

① 시간을 초월하는 작품 디자인하기
② 모든 요리사에게 필수적인 도구들
④ 나무를 오래가는 예술로 만들기

해설

10

전 과정 동안 장인의 지도를 받으며 자신만의 도마를 만들 수 있는 나무 도마 만들기 행사를 소개하며 창의성과 장인정신이 만나는 워크숍에 참여하라고 독려하는 내용이므로 글의 제목으로 가장 적절한 것은 '③ 창의력으로 도마 만들기'이다.

11

② 첫 번째 문단 세 번째 문장에서 당신 자신의 나무 도마를 디자인하고 만든다고 했으므로 글의 내용과 일치하지 않는다.
① 첫 번째 문단 두 번째 문장에서 모든 과정에서 전문가 장인의 지도를 받게 된다고 했으므로 글의 내용과 일치한다.
③ 두 번째 문단 첫 번째 문장에서 다과와 음료를 즐기라고 했으므로 글의 내용과 일치한다.
④ <행사 세부사항>의 시간 항목에서 오전 10시부터 오후 2시까지, 총 4시간 동안 진행된다고 했으므로 글의 내용과 일치한다.

정답 10 ③ 11 ②

12

어휘

enormous 거대한 **house** 소장하다 **a variety of** 다양한
resource 자료 **article** 기사 **terminal** 단말기 **access** 이용
revolutionary 혁명적인 **controversial** 논란이 많은
manifestation 발현 **philanthropic** 자선의, 박애의
self-betterment 자기 발전 **surpass** 뛰어넘다 **construction** 건립
integral 필수적인 **chronic** 만성적인 **tremendous** 지대한
contribution 공헌 **underdeveloped** 낙후된

해석

오늘날 미국의 도서관 시스템은 거대하다; 16,000개의 도서관들은 현재 일 년에 약 15억 회 방문되고 있으며, 신문 기사부터 소설책, 오디오와 비디오 자료들, 인터넷 단말기에 이르는 다양한 자료들을 보유하고 있으며, 대중들이 모두 무료로 사용할 수 있다. 그러나 불과 한 세기 전만 해도, 책에 대한 평등한 이용이라는 생각은 혁명적이고 논란이 많았다. 한 사람, 앤드루 카네기의 비전과 행동은 1900년대 초반에 세계적으로 2,500개 이상의 도서관을 만드는 것에 기여했다. 카네기에게 도서관은 그의 자선 철학의 핵심 주제인 자기 발전의 구현이었고 지원을 요청한 거의 모든 지역사회가 그의 지원을 받았다. 1920년대까지 카네기의 도서관 기부금은 3,900만 달러를 초과했고 이는 미국에서만 1,679개의 공공 도서관 건설로 이어졌다. 오

늘날, 이 도서관들은 국가 공공 도서관 네트워크의 필수적인 부분이다.
① 현재의 미국 도서관 시스템이 제공하는 무료 자료들
② 미국 도서관의 만성적인 문제와 카네기의 해결책
③ 미국 도서관 확장에 기여한 카네기의 지대한 공헌
④ 미국의 낙후된 도서관을 전산화시키려는 카네기의 노력

해설
중심 소재는 미국 도서관에 관한 카네기의 공헌이다. 불과 1세기 전만 해도 책과 교육 자료에 평등하게 이용한다는 생각은 혁명적이고 논란이 많았지만, 앤드루 카네기라는 한 남자의 비전과 행동으로 인해 미국에만 1,679개의 공공 도서관을 건립하게 되었고, 그것이 오늘날 미국의 공공 도서관 네트워크의 필수적인 부분이 되었다는 내용이다. 따라서 글의 주제로 가장 적절한 것은 ③ '미국 도서관 확장에 기여한 카네기의 지대한 공헌'이다. ①은 글의 도입부에 해당하는 지엽적인 내용이며 중심 소재인 카네기의 공헌에 대한 언급이 빠져 있으므로 글의 주제로 적절하지 않다.

정답 ③

13
어휘

consumer 소비자   right 권리   protection 보호   advocacy 옹호
significant 중요한   unscrupulous 부도덕한   erode 약화시키다
complexity 복잡성   transaction 거래
misleading 오해의 소지가 있는   term 약관   vulnerable 취약한
fraudulent 사기적인   scheme 수법   target 대상으로 하다
exacerbate 악화시키다   employ 고용하다   legal 법률의
take action 조치를 취하다   dispute 분쟁   negotiate 협상하다
file a lawsuit 소송을 제기하다   safeguard 보호하다
transparency 투명성

해석
소비자 권리와 보호
글로벌 소비자 옹호 네트워크(GCAN)는 소비자가 직면한 문제를 해결하는 데 중요한 역할을 해왔습니다. 허위 광고나 숨겨진 수수료와 같은 부도덕한 비즈니스 관행은 소비자에게 경제적으로 해를 끼치고 시장에 대한 신뢰를 약화시킬 수 있습니다.

소비자 옹호에서의 난제들
소비자 보호의 주요 난제 중 하나는 디지털 거래의 복잡성이 커지고 있다는 점입니다. 온라인 플랫폼의 오해의 소지가 있는 정보와 불분명한 서비스 약관은 종종 소비자를 취약하게 만듭니다. 또한 디지털 결제 시스템을 대상으로 한 사기적인 수법은 구매자가 직면한 위험을 악화시킵니다.

GCAN은 소비자 불만을 검토하고 분쟁을 해결하기 위해 조치를 취하는 법률 전문가팀을 고용하고 있습니다. 그들의 활동은 기업과 직접 협상하고, 필요할 때 소송을 제기하고, 디지털 경제에서의 소비자 권리에 대해 대중에게 교육하는 것이 포함됩니다. 소비자 권리 보호는 수년 동안 GCAN의 주요 목표였습니다.

① GCAN은 소비자에게 법적 지원을 제공하는 데 중점을 둔다.
② GCAN은 소비자 행동 추세에 관한 연구를 선도하는 것을 목표로 한다.
③ GCAN은 디지털 거래의 투명성을 적극적으로 촉진한다.
④ GCAN은 시장에서 소비자 권리를 보호하는 것을 목표로 한다.

해설
글의 중심 소재는 글로벌 소비자 옹호 네트워크(GCAN)의 활동이다. 마지막 문단에서 GCAN이 하는 일을 언급하고 있고 주제문인 마지막 문장에서 주요 목표는 소비자 권리 보호라고 말하고 있다. 따라서 글의 요지로 가장 적절한 것은 ④ 'GCAN은 시장에서 소비자 권리를 보호하는 것을 목표로 한다.'이다.

정답 ④

14
어휘

showcase 보여주다   a diverse range of 매우 다양한
feature ~을 특징으로 하다   introduction 소개   cinematic 영화의
networking 인맥 쌓기   enthusiast 애호가   venue 장소
screening 상영   feature film 장편 영화   shorts 단편 영화
highlight 조명하다   interactive 체험형의   filmmaker 영화 제작자
insight 통찰   additionally 또한   take advantage of ~을 활용하다
connect 사귀다   attendee 참석자   connection 인맥
engage in ~에 참여하다

해석
우리 영화제는 전 세계의 매우 다양한 영화를 선보이며 영화 산업 전문가들의 소개를 특징으로 하여 풍성한 영화 경험을 선사할 예정입니다. 이번 행사는 동료 영화 애호가들과의 인맥을 쌓을 기회도 제공합니다.

행사 세부 사항
• 날짜: 10월 12일 토요일
• 시간: 오후 2시 – 오후 8시
• 장소: Central Arts 극장

장편 영화, 다큐멘터리, 단편 영화를 포함하여 전 세계 영화의 최고 작품들을 조명하는 다양한 영화 상영을 즐기세요. 영화 산업에 대한 깊은 통찰을 제공하는 영화 제작자, 배우, 업계 전문가와 함께 체험형 패널 토론에 참여하세요. 또한 업계 관계자 및 동료 참석자와 사귈 수 있는 귀중한 인맥 기회를 활용하세요.

더 자세한 내용은 info@filmfestival2024.org로 문의하시거나 (555) 789-1234로 전화해 주세요.

① 참가자들은 다른 영화 애호가들과 인맥을 쌓을 수 있다.
② 행사는 6시간에 걸쳐 진행될 것이다.
③ 행사는 단편 영화를 제작할 기회를 제공한다.
④ 참가자들은 영화 전문가들과 토론에 참여할 수 있다.

해설
③ 두 번째 문단의 첫 번째 문장에서 단편 영화를 포함하여 다양한 영화 상영을 즐기라고 했을 뿐 영화 제작에 관한 언급은 없으므로 글의 내용과 일치하지 않는다.
① 첫 번째 문단의 두 번째 문장에 동료 영화 애호가들과 인맥을 쌓을 기회를 제공한다고 하므로 글의 내용과 일치한다.
② <행사 세부사항>의 시간 항목에서 오후 2시부터 8시까지 6시간 동안 진행되므로 글의 내용과 일치한다.
④ 두 번째 문단의 두 번째 문장에서 영화업계 전문가들과 패널 토론에 참여하라고 하므로 글의 내용과 일치한다.

정답 ③

15
어휘

notable 눈에 띄는   surge 급상승   increasingly 점점 더
turn to ~로 전환하다   grow 재배하다   fuel 촉진하다

self-sufficiency 자급자족   gardening tool 원예 도구
compared to ~과 비교해서   previous 이전의   reflect 반영하다
shift 변화   contrary to ~와 달리   concern 우려   enhance 높이다
involvement 참여   strengthen 강화하다   flourish 번창하다
on the rise 증가하는

해석
가정 원예의 부상

가정 원예는 사람이 점점 더 채소와 허브를 직접 재배하는 것으로 전환함에 따라 눈에 띄는 인기 급상승을 경험하고 있다. 이러한 증가 추세는 자급자족과 건강한 식습관에 대한 욕구가 증가함에 따라 촉진되고 있다. 2023년 상반기 씨앗과 원예 도구의 매출은 전년의 매출과 비교해서 35% 증가했는데, 이는 이러한 변화를 반영한다. 가정 원예가 도시 지역사회 정원에 관한 관심을 감소시킬 수 있다는 우려와는 달리, 오히려 지역사회 참여를 높이고 광범위한 원예 운동을 강화했다. 또한 온라인 원예 커뮤니티는 초보 및 경험 많은 정원사 모두에게 귀중한 지원과 조언을 제공하며 번창하고 있다.

① 채소와 허브를 위한 가정 원예가 증가하고 있다.
② 원예 용품 판매가 3분의 1 이상 증가했다.
③ 가정 원예로 인해 도시 지역사회의 정원 공간이 줄어들었다.
④ 온라인 원예 커뮤니티가 성장하며 정원사들에게 지원을 제공하고 있다.

해설
③ 네 번째 문장에서 가정 원예가 도시 지역사회 정원에 대한 관심을 감소시킬 수 있다는 우려와는 달리, 오히려 지역사회 참여를 강화하고 광범위한 원예 운동을 강화했다고 하므로 글의 내용과 일치하지 않는다.
① 첫 번째 문장에서 사람들이 점점 더 채소와 허브를 직접 기르면서 가정 원예가 인기 급상승을 경험하고 있다고 하므로 글의 내용과 일치한다.
② 세 번째 문장에서 씨앗과 원예 도구 매출이 35% 증가했다고 하므로 글의 내용과 일치한다.
④ 마지막 문장에서 온라인 원예 커뮤니티는 초보 및 경험 많은 정원사 모두에게 귀중한 지원과 조언을 제공하고 있다고 하므로 글의 내용과 일치한다.

정답 ③

16

어휘
note 언급하다   selection 선택   peacock 공작   plumage 깃털
survival 생존   structure 구조   obviously 명백하게
metabolically 신진대사적으로   costly 손해가 큰   predator 포식자
organism 생물체   desirable 바람직한   trait 특성   suit 적합하다
environment 환경   be obsessed with ~에 집착하다
apparent 명백한   anomaly 예외   comment 언급하다
feather 깃털   gaze 바라보다   observe 관찰하다   species 종
dramatically 극적으로   confront 직면하다   fend off 막아내다
combat 퇴치하다

해석
다윈은 종종 자신의 자연선택 이론에 도전하는 듯한 사실들을 특히 언급했는데, 가령, 공작의 화려한 깃털처럼 생존과는 무관해 보이는 것들이었다. ① 깃털이 공작에게 명백히 신진대사 면에서 많은 손해를 보게 하고, 더욱이, 그것이 포식자에게 공공연한 초대장처럼 보임에도 어떻게 이 화려한 구조가 진화할 수 있었을까? ② 이 모든 삶의 신비에 대한 다윈의 대답은 자연선택 이론이었고, 그 이론 안에서 생명체들은 자신들의 환경에 적합한 가장 바람직한 특성들을 발전시킨다는 것이었다. ③ 다윈은 이러한 명백한 예외 사항에 너무 집착하게 되어서 "공작새 꼬리의 깃털 모습은 내가 그것을 바라볼 때마다 나를 불쾌하게 한다!"라고 한때 언급했다. ④ 다윈은 또한 어떤 종들에서, 성별에 따라 몸집과 구조가 극적으로 다르다는 점도 관찰했다. 수컷과 암컷 모두 먹이, 포식자 막아내기, 질병 퇴치와 같은 본질적으로 동일한 생존의 문제에 직면하고 있음에도, 성별에 따라 왜 그렇게 많이 다를까?라고 다윈은 의아해했다.

해설
글의 중심 소재는 다윈의 자연선택 이론으로 설명되지 않는 것들이다. ①과 ③은 첫 번째 예로 공작새의 특성과 자연선택과의 모순되는 점을 설명하고 ④는 자신의 이론과 달리 동일한 자연적 조건이 주어졌음에도 성별에 따라 구조와 크기에 차이를 보이는 종들에 대해 의문을 제기하는 내용이다. 그에 비해 ②는 다윈의 자연선택 이론의 의미를 단순히 설명하고 있으므로, 이론의 예외 사항에 대해 논하는 글 전체의 흐름상 어색하다. 따라서 정답은 ②이다.

정답 ②

17

어휘
measure 조치   illicit 불법의   pit 구덩이   illegal 불법적인
strictly 엄격하게   regulate 규제하다   chilli 칠리고추
enclosed 접근이 제한된   prohibit 금지하다   erect 세우다
unruly 제멋대로의   gathering 모임

해석
세계 많은 곳의 정부는 뒷마당에 불 피우는 구덩이를 불법화하거나 엄격히 규제되도록 해 왔다. (①) 미국의 여러 지역에서 당신은 심지어 해변에서 불을 피우기 위해서도 허가가 필요하며, 멕시코 유카탄의 메리다에서는 시 경계 안에서 칠리고추를 굽는 것이 불법이다. (②) 이런 조치에 대해 사람들은 공원이나 숲으로 자신들의 불법적인 바비큐를 옮김으로써 반응하는 경향이 있다. 그러나 우리의 산업화된 세계에서, 훨씬 더 많은 공공장소가 접근이 제한되어 있다. (③) 땅을 파서 불을 피우는 것은 널리 금지되어 있고, 사람들이 바비큐를 하는 대신 그릴에 굽도록 권장하기 위해 몇몇 공원에는 그릴이 세워졌다. (④) 메시지는 분명하다: 햄버거를 그릴에 굽고, 소시지를 굽는 것은, 좋고 말고, 그러나 여러분의 너무 크고 시끄럽고, 제멋대로인 모임은 이곳에서 하지 마라.

해설
글의 중심 소재는 공공장소에서 불피우기 제한이다. 주어진 문장의 such measures를 통해 주어진 문장 앞에 특정 조치들에 해당하는 내용이 언급되어야 하고, 뒤에는 공원이나 숲으로 바비큐를 옮기는 것에 관한 부연 설명이 나올 것을 예상할 수 있다. ② 앞에서 뒷마당이나 해변, 또는 시 경계 안에서 불을 피우는 것을 불법화한 것이 바로 그러한 조치에 해당하므로 주어진 문장은 ②에 들어가는 것이 적절하다. 또한 ② 이후에 Yet으로 시작하여 그렇게 공원이나 숲으로 옮겨가고 있지만 훨씬 많은 공공장소가 접근이 제한되고, 바베큐 대신 그릴이 권장된다는 내용이 이어지고 있으므로 정답은 ②이다.

정답 ②

18

어휘
transform 탈바꿈시키다   automate 자동화하다   analyze 분석하다
ethical 윤리적인   implication 의미   inequality 불평등
concerning 우려스러운   innovation 혁신   enhance 향상시키다
productivity 생산성   raise 제기하다   displacement 대체
crucial 매우 중요한   establish 세우다   framework 틀
responsibly 책임감 있게   benefit 이익   replace 대체하다

manual 육체노동의

해석
인공지능(AI)은 프로세스를 자동화하고 데이터를 분석하며 의사결정을 개선함으로써 산업과 사회를 탈바꿈시키고 있다. 하지만 인공지능이 일자리와 불평등에 미치는 윤리적 의미와 영향은 여전히 우려스러운 상황이다. (A) AI는 혁신을 촉진하고 생산성을 향상시킬 잠재력을 가지고 있지만, 일자리 대체와 소득 불평등에 대한 문제를 제기하기도 한다. (C) 예를 들어, AI를 기반으로 한 자동화는 이미 일부 육체노동 일자리를 대체하여 근로자들이 변화하는 고용 시장에서 관련성을 유지하기 위해 새로운 기술을 모색하게 만들었다. (B) 따라서 AI가 모두의 이익을 위해 책임감 있게 개발되고 사용되도록 보장하는 윤리적 틀과 정책을 수립하는 것이 매우 중요하다.

해설
글의 중심 소재는 인공지능이 산업에 미치는 영향이다. 주어진 글에서 인공지능이 산업과 사회를 변화시키고 있지만 일자리와 불평등에 미치는 의미와 영향이 우려스러운 상황이라고 했으므로 이어지는 글에서는 우려스러운 점에 대한 부연 설명이 와야 한다. (A)는 AI의 장점과 문제점 동시에 다루면서 주어진 글을 다시 한번 정리하므로 주어진 글 바로 다음에 오는 것이 자연스럽다. 일자리 대체와 소득 불평등이라는 문제를 구체적인 사례(For instance)로 제시하는 (C)가 이어지는 것이 자연스럽다. 문제와 예시에 대한 해결 방안이자 결론(Therefore)으로 (B)가 마지막에 오는 것이 자연스럽다. 따라서 정답은 ① (A) - (C) - (B)이다.

정답 ①

19

어휘
decision maker 결정권자   identical 동일한   recognize 인식하다
policy 정책   habit 습관   script 스크립트: 특정 상황에서 행동이나 사건의 순서를 미리 정해놓은 인지 구조   efficient 효율적인   outcome 결과
unrelated 관련 없는

해석
결정을 내려야 할 상황에 직면하면, 결정권자는 상황의 주요 특징들을 사용하여 자신의 기억을 검색한다. 만약 기억에서 거의 동일한 특징을 가진 유사한 상황의 기억을 찾는다면, 이 새로운 상황은 인식된다. 인식은 유용한데 결정권자가 자신의 행동을 안내할 수 있도록 과거의 지식에 의존할 수 있기 때문이다. 의사결정에서, 새로운 그러나 유사한 상황에서 사용되는 과거 행동들은 '정책'이라고 불린다. 학습 심리학에서는 이것을 '습관'이라고 부른다. 사회 심리학에서는 '스크립트'라고 부른다. 모든 경우에 그 목적은 매 상황에서 새로운 결정을 내리는 대신, 과거 사례를 따라감으로써 과정을 더 효율적으로 만드는 것이다.

① 조언을 요청함
② 결과를 예측함
④ 관련 없는 선택지를 제거함

해설
글의 중심 소재는 과거 사례에 기반한 의사결정의 효율성이다. 의사결정에서 과거의 유사한 상황을 찾는 것이 유리한데 이는 이 과거 상황의 지식을 결정권자가 의존할 수 있기 때문이며, 이 지식을 이용하는 것을 각각 정책, 습관, 스크립트라고 부른다고 한다. 빈칸이 있는 문장은 이들이 결정 과정을 더 효율적으로 만든다는 내용이므로 빈칸에는 이들의 성격이 들어가야 한다. 이들은 과거의 경험을 저장해 둔 것이므로 빈칸에는 ③ '과거 사례를 따라감'이 들어가는 것이 가장 적절하다.

정답 ③

20

어휘
define 규정하다   characteristic 특징   instinct 본능
immediate 즉각적인   self-awareness 자기 인식
complexity 복잡성   reflection 반성   adaptability 적응성
innovation 혁신   thrive 번창하다   constantly 끊임없이
extreme 극한의

해석
인간을 규정하는 특징 중 하나는 자신의 생각과 행동을 되돌아볼 수 있는 능력이다. 이 특성은 본능과 즉각적인 필요에 따라 행동하는 대부분의 동물들과 인간을 구별 짓는다. 일부 동물, 예를 들어 영장류나 돌고래는 기본적인 자기 인식을 보여주지만, 그들의 능력은 인간 반성의 깊이와 복잡성을 가지지 못한다. 반면, 인간은 과거의 행동을 분석하고 실수에서 배우며, 미래를 계획할 수 있다. 자기반성은 개인이 감정과 결정을 평가할 수 있도록 하여, 개인적 성장과 적응성을 촉진한다. 이 능력은 인간을 구별할 뿐만 아니라 창의성과 혁신을 끌어내, 끊임없이 변화하는 세상에서 번창할 수 있게 돕는다.

① 극한 상황에서 생존할
② 다른 사람들과 효과적으로 소통할
③ 크고 복잡한 사회제도를 구축할

해설
글의 중심 소재는 인간의 반성 능력이다. 첫 문장이 주제문으로 주제문을 완성하는 빈칸 문제이다. 이후 글에서 인간과 동물을 구분 짓는 특징으로 인간의 자기반성 능력을 강조하고, 이것이 인류의 생존과 번영에 중요했음을 논하고 있다. 따라서 이후 글을 한마디로 요약할 수 있는 ④ '자신의 생각과 행동을 되돌아볼'이 빈칸에 가장 적절하다.

정답 ④

2025년도 공무원 9급 공개경쟁채용 필기시험 답안지

컴퓨터용 흑색사인펜만 사용

2025년도 공무원 9급 공개경쟁채용 필기시험 답안지

컴퓨터용 흑색사인펜만 사용

※ 시험문제지 과목 순서(응시원서 접수시 기재한 순서)

응시과목 순서 기재란

성명	
자필성명	본인 성명 기재
응시직렬	
응시지역	
시험장소	

[필적감정용 기재]
*아래 예시문을 옮겨 적으시오
본인은 ○○○(응시자성명)임을 확인함

기 재 란

책형	

생년월일 / **응시번호**

문번	제 회	문번	제 회	문번	제 회	문번	제 회	문번	제 회
1	①②③④	1	①②③④	1	①②③④	1	①②③④	1	①②③④
2	①②③④	2	①②③④	2	①②③④	2	①②③④	2	①②③④
3	①②③④	3	①②③④	3	①②③④	3	①②③④	3	①②③④
4	①②③④	4	①②③④	4	①②③④	4	①②③④	4	①②③④
5	①②③④	5	①②③④	5	①②③④	5	①②③④	5	①②③④
6	①②③④	6	①②③④	6	①②③④	6	①②③④	6	①②③④
7	①②③④	7	①②③④	7	①②③④	7	①②③④	7	①②③④
8	①②③④	8	①②③④	8	①②③④	8	①②③④	8	①②③④
9	①②③④	9	①②③④	9	①②③④	9	①②③④	9	①②③④
10	①②③④	10	①②③④	10	①②③④	10	①②③④	10	①②③④
11	①②③④	11	①②③④	11	①②③④	11	①②③④	11	①②③④
12	①②③④	12	①②③④	12	①②③④	12	①②③④	12	①②③④
13	①②③④	13	①②③④	13	①②③④	13	①②③④	13	①②③④
14	①②③④	14	①②③④	14	①②③④	14	①②③④	14	①②③④
15	①②③④	15	①②③④	15	①②③④	15	①②③④	15	①②③④
16	①②③④	16	①②③④	16	①②③④	16	①②③④	16	①②③④
17	①②③④	17	①②③④	17	①②③④	17	①②③④	17	①②③④
18	①②③④	18	①②③④	18	①②③④	18	①②③④	18	①②③④
19	①②③④	19	①②③④	19	①②③④	19	①②③④	19	①②③④
20	①②③④	20	①②③④	20	①②③④	20	①②③④	20	①②③④

2025년도 공무원 9급 공개경쟁채용 필기시험 답안지

2025년도 공무원 9급 공개경쟁채용 필기시험 답안지

컴퓨터용 흑색사인펜만 사용

2020년 O월 O일 시행

공무원 9급 공개경쟁채용 필기시험

|신경향 실전동형 모의고사 Vol.2|
제1회 ~ 제8회

응시번호

성명

문제책형

[시 험 과 목]

제2과목 영어
공무원 시험 대비 모의고사

응시자 주의사항

1. 시험시작 전에 시험문제를 열람하는 행위나 시험종료 후 답안을 작성하는 행위를 한 사람은 「공무원임용시험령」 제51조에 의거 부정행위자로 처리됩니다.
2. 답안지 책형 표기는 시험시작 전 감독관의 지시에 따라 문제책 앞면에 인쇄된 문제책형을 확인한 후, 답안지 책형란에 해당 책형(1개)을 '●'로 표기하여야 합니다.
3. 답안은 문제책 표지의 과목 순서에 따라 답안지에 인쇄된 순서(제1·2·3·4·5과목)에 맞추어 표기해야 하며, 과목 순서를 바꾸어 표기한 경우에도 문제책 표지의 과목 순서대로 채점되므로 유의하시기 바랍니다.
4. 시험이 시작되면 문제를 주의 깊게 읽은 후, 문항의 취지에 가장 적합한 하나의 정답만을 고르며, 문제내용에 관한 질문은 할 수 없습니다.
5. 답안을 잘못 표기하였을 경우에는 답안지를 교체하여 작성하거나 수정할 수 있으며, 표기한 답안을 수정할 때는 응시자 본인이 가져온 수정테이프만을 사용하여 해당 부분을 완전히 지우고 부착된 수정테이프가 떨어지지 않도록 손으로 눌러주어야 합니다. (수정액 또는 수정스티커 등은 사용 불가)
    ■ 불량한 수정테이프의 사용과 불완전한 수정처리로 인해 발생하는 모든 문제는 응시자 본인에게 책임이 있습니다.
6. 시험시간 관리의 책임은 응시자 본인에게 있습니다.
    ※ 문제책은 시험종료 후 가지고 갈 수 있습니다.

정답공개 및 가산점 등록 안내

1. 정답공개: 정답가안 O.O.(O) OO:OO, 최종정답 O.O.(O) OO:OO / 사이버국가고시센터
2. 이의제기: O.O.(O) OO:OO ~ O.O.(O) OO:OO / 사이버국가고시센터
    ■ 구체적인 이의제기 방법은 정답가안 공개 시 공지 예정
3. 가산점 등록기간: O.O.(O) OO:OO ~ O.O.(O) OO:OO
4. 가산점 등록방법: 사이버국가고시센터 ➡ [원서접수 → 가산점 등록/확인]

※ 본 안내문은 과년도 실제 시험지를 참조한 예시입니다. 금년도 실제 안내문과는 다를 수 있습니다.

제1회

[1 ~ 3] 밑줄 친 부분에 들어갈 말로 가장 적절한 것을 고르시오.

1. The software developer's _____ thinking and agility in troubleshooting allowed her to efficiently fix the program's errors and complete the project on time.

① nimble
② gradual
③ sluggish
④ sudden

2. The chair leg was loose, and it shook dangerously, so he decided to _____ it to prevent any accidents.

① store
② spoil
③ withdraw
④ mend

3. Various types of renewable energy sources, such as solar, wind, and hydroelectric power, _____ sustainable energy solutions.

① is referred to
② is referred to as
③ are referred to
④ are referred to as

[4 ~ 5] 밑줄 친 부분 중 어법상 옳지 않은 것을 고르시오.

4. In a rapidly changing world, people often had to seize any chance that came their way just to keep ① moving forward. Neither the possession of theoretical knowledge nor the practical skill alone was enough to achieve true success. Determination and perseverance ② were often valued as much as natural aptitude when it came to overcoming obstacles, with communities ③ appreciated those who showed both resilience and a willingness to learn. As challenges grew more complex, individuals recognized that they needed to continuously expand their perspectives. In the end, many realized they had no choice but ④ to adapt swiftly if they hoped to thrive and maintain their momentum.

5. *The Curious Case of Benjamin Button* is a remarkable story about a man ① who ages backward, ② challenging the traditional perception of time and life. The film delves into profound themes such as love, loss, and the transient nature of human relationships, as Benjamin's unusual condition isolates him from a normal life. ③ Despite the uniqueness of his journey, he experiences universal emotions, reminding viewers ④ what the essence of life is found in the meaningful connections we make and the memories we create.

[6 ~ 7] 밑줄 친 부분에 들어갈 말로 가장 적절한 것을 고르시오.

6.
A: Hey, what do you think about buying flowers for someone?
B: Well, it depends.
A: I mean for a young lady.
B: That's a sweet idea! Can I ask who the lucky girl is?
A: Don't be surprised. It's Susan.
B: _____.
A: Oh, maybe I should get her a different kind of gift, like chocolates or a book.

① Flowers are always the best gift for ladies
② I don't know what kind of gifts she expects
③ I can ask her if she likes them if you want
④ She is allergic to flowers, so that might not work

7.

Emily Hopkins: Really sorry, but I spilled coffee on your report. 10:42

Alex Carter: Oh no! That was the final copy for today's meeting! 10:42

Emily Hopkins: I know. I was trying to reprint it, but the printer is jammed. 10:43

Alex Carter: Did you try clearing the jam? 10:44

Emily Hopkins: I did, but it still won't print. 10:45

Alex Carter: We only have 10 minutes before the meeting. _____. 10:45

Emily Hopkins: Like what? 10:46

Alex Carter: Maybe we can use the printer in the conference room upstairs. 10:46

Emily Hopkins: Good idea. I'll head over there now. 10:47

① I'll contact the maintenance team
② Let's find another solution quickly
③ I'll ask Dean to see if he can fix it
④ We might be able to print it in the office next door

[8 ~ 9] 다음 글을 읽고 물음에 답하시오.

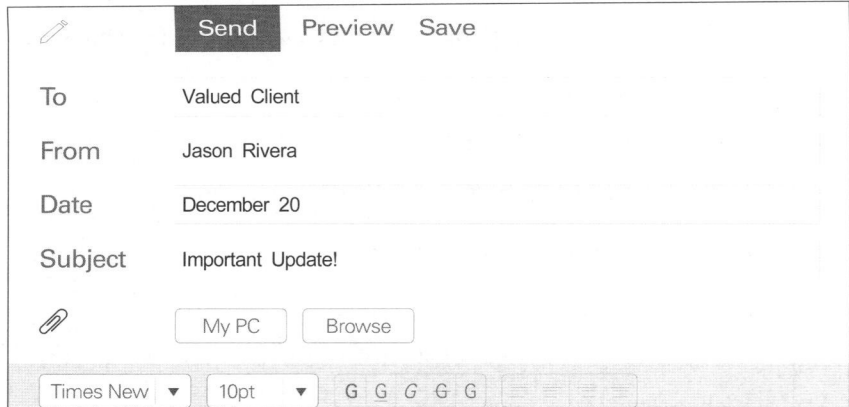

Dear Valued Client,

At TechInnovate Solutions, we are constantly pushing the boundaries of technology to bring you innovative solutions that simplify and enhance your daily life. We strive to design products that not only meet but anticipate your needs, offering a smarter and more efficient home experience.

With that in mind, we're thrilled to launch our latest <u>cutting-edge</u> product — the AI-Home Companion 2.0. This advanced smart home assistant seamlessly integrates with all your devices, featuring voice recognition and personalized automation routines that adapt to your lifestyle. Manage lighting, energy, and security effortlessly with the system designed to elevate your home experience.

Stay tuned for more updates, exclusive previews, and special offers. We can't wait to transform your smart living experience!

Best regards,
Jason Rivera
Product Manager
TechInnovate Solutions

8. 윗글의 목적으로 가장 적절한 것은?
① to introduce an innovative product
② to request feedback on a recent product
③ to explain how to use a device
④ to offer customer support services

9. 밑줄 친 "cutting-edge"의 의미와 가장 가까운 것은?
① custom-built ② user-friendly
③ old-fashioned ④ state-of-the-art

[10 ~ 11] 다음 글을 읽고 물음에 답하시오.

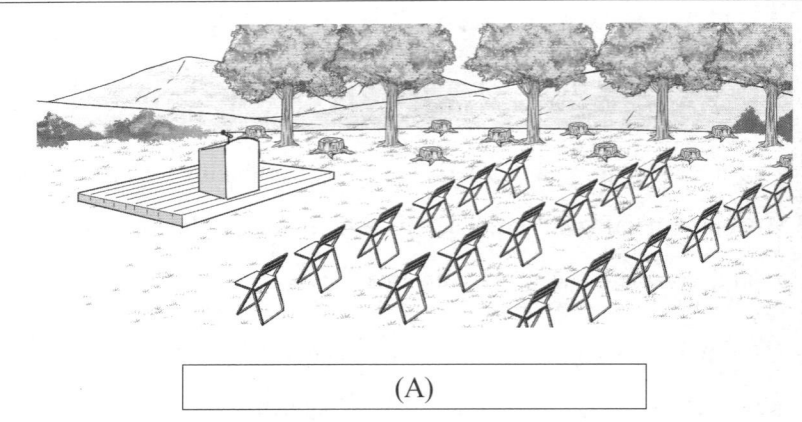

(A)

As part of a concerned community, you will want to know what steps are being taken to preserve Aspen Forest. Although not yet beyond recovery, the forest is under serious threat from ongoing deforestation.

The Aspen Preservation Council invites all community members to join us for an important discussion about the future of Aspen Forest. The preservation of Aspen Forest directly impacts the quality of life in our community and the legacy we leave for the next generation.

Meeting Details
· Date: Saturday, August 10
· Time: 3:00 p.m.
· Location: Aspen Community Center Outdoor Venue

Additional Information
· Light refreshments will be served.
· Families are encouraged to attend, and children are welcome.

If you have any questions about the meeting, please contact us through the following:
· Website: www.aspenpreserve.org
· Phone: (123) 456-7890

Your participation is essential in ensuring the future of Aspen Forest. Together, we can make a difference.

Sponsored by the Aspen Preservation Council

10. (A)에 들어갈 윗글의 제목으로 가장 적절한 것은?
① Gathering Minds for the Future of Aspen Forest
② Cleaning Aspen Forest for a Better Future
③ The Historical Value of Aspen Forest
④ Benefits of Living Near the Aspen Forest

11. 위 안내문의 내용과 일치하지 않는 것은?
① Aspen 숲의 상태는 회복 불가능한 단계로 접어들었다.
② 숲을 위한 보존 활동은 지역 주민들의 삶의 질에 영향을 미친다.
③ 가벼운 다과가 행사에서 제공될 예정이다.
④ 가족 단위로 참석할 수 있으며 아이들의 참여도 환영한다.

제 2 회

[1~3] 밑줄 친 부분에 들어갈 말로 가장 적절한 것을 고르시오.

1. Recent _____ diplomatic relations, often described as "fragile alliances," have complicated international negotiations.

   ① secure
   ② robust
   ③ precarious
   ④ consistent

2. Many desert plants can _____ extreme heat conditions, even with scarce water, due to adaptations such as deep roots absorbing underground water and waxy surfaces minimizing moisture loss.

   ① reinforce
   ② tolerate
   ③ associate
   ④ trigger

3. Neither the manager nor the employees _____ responsibilities for the unexpected delay in the project since last week.

   ① takes
   ② take
   ③ has taken
   ④ have taken

[4~5] 밑줄 친 부분 중 어법상 옳지 않은 것을 고르시오.

4. The famous poem *The Road Not Taken* by Robert Frost cannot be interpreted as a celebration of individualism, but ① <u>as an ironic commentary</u> on the tendency to overanalyze and regret decisions. Edward Thomas, the friend who inspired this poem, often regretted decisions he ② <u>had made</u>. The deeper time sank into history, ③ <u>the more profoundly</u> the layers of meaning became around this poem. However, in general, the imagery of the diverging paths ④ <u>represents</u> the choices we all face in life.

5. Libraries ① <u>have long been</u> essential to our journey of learning and imagination since early childhood. They serve as spaces that offer endless possibilities ② <u>to explore</u> our interests while ③ <u>providing</u> a haven for quiet reflection and growth. In a world primarily oriented toward constant busyness, libraries are the communal spaces ④ <u>which</u> individuals, both young and old, can immerse themselves in knowledge and connect with others who share their curiosity.

[6~7] 밑줄 친 부분에 들어갈 말로 가장 적절한 것을 고르시오.

6.
A: I heard the company is introducing a new dress code.
B: Really? What kind of changes are they making?
A: It's going to be a bit more formal. No more jeans or sneakers.
B: Oh, do we have to start wearing suits every day?
A: _____.
B: That's a relief. I'm not ready to turn my wardrobe upside down.
A: I also find suits a bit too much, but that level seems fine.

   ① Just slacks and dress shoes should be fine
   ② You should dress up from Monday to Friday
   ③ They've planned on launching a men's suit brand
   ④ They're giving less options for what we can wear

7.
Sarah Lee: I found your item near the break room. 10:42

John Park: Is it a black jacket with a small logo? 10:42

Sarah Lee: Oh, yes! I've just left it on your desk. 10:43

John Park: Thanks... but I can't find it on my desk. 10:44

Sarah Lee: Isn't your desk right next to Billy? 10:45

John Park: _____. 10:45

Sarah Lee: Oh! That means I left it in the wrong place. 10:46

   ① I'm sure it's not my jacket, but someone else's
   ② I moved my seat to the front of the exit
   ③ You must have left it in the break room
   ④ I replaced the old desk with a new one last week

[8 ~ 9] 다음 글을 읽고 물음에 답하시오.

Parkland Adventures Bag Policy

Permitted Bags

For security reasons, Parkland Adventures enforces a strict bag policy. Only small bags or backpacks measuring no more than 12 x 15 x 6 inches are permitted inside the park.

Bag Search Process

All bags are subject to search at the entrance, so please plan accordingly to expedite the process. Prohibited items include large bags, coolers, and oversized umbrellas. Guests are encouraged to carry only what is necessary for a comfortable visit to ensure a hassle-free entry.

Additional Information

Bags that exceed the size limit are permitted if they meet certain conditions. Exceptions include bags carrying essential medical equipment, diaper bags for infants, and bags required for mobility or assistive devices. These exceptions are provided at no additional cost. For questions or to request approval, please visit www.parklandadventure.com or call (222) 546-0059.

8. 윗글에서 Parkland Adventures Bag Policy에 관한 내용과 일치하는 것은?

① Backpacks larger than 15 inches are permitted.
② All bags will be inspected at the entrance.
③ Large bags or coolers are allowed with restrictions.
④ Exceptions to the bag policy require an additional fee.

9. 밑줄 친 "entry"의 의미와 가장 가까운 것은?

① admission   ② competitor
③ item   ④ emission

[10 ~ 11] 다음 글을 읽고 물음에 답하시오.

(A)

As a concerned citizen, you may want to learn how to make use of waste.

While trash might seem worthless, it has the potential to transform into meaningful artwork. So, find the beauty hidden within discarded items and be part of this creative journey.

Some passionate artists and environmentalists are actively working on this program. They are hosting a special event to share their ideas and processes with you. Discover how to transform various waste materials, such as plastic bottles, old fabric scraps, metal cans, and discarded wood pieces, into incredible works of art. This not only inspires creativity but also encourages sustainable living and environmental awareness.

Participants do not need to bring any materials. All necessary items will be provided during the event.

· Location: Starlight Forge Community Center, Main Hall
  (in case of rain: Starlight Forge Library, Room B203)
· Date: Saturday, April 19, 2025
· Time: 3:00 p.m.

For further details about the event, visit our website at www.artisticsustainability.org or contact us at (432) 567-8910.

10. (A)에 들어갈 윗글의 제목으로 가장 적절한 것은?

① Celebrating the Value of Artworks
② A Conscience Buried Under Garbage
③ Recycled Waste: An Unfixable Issue
④ Transforming Trash into Treasure

11. 위 안내문의 내용과 일치하지 않는 것은?

① Experts will share ideas on transforming waste into art with participants.
② Artworks will be crafted using discarded materials like plastics and wood.
③ Guests must bring their own recycled materials to join the program.
④ If it rains, the event location will be moved to a room in the library building.

제 3 회

[1~3] 밑줄 친 부분에 들어갈 말로 가장 적절한 것을 고르시오.

1. He can be quite _____ at times, making quick decisions without fully considering the consequences.

① cautious ② impulsive
③ patient ④ irritable

2. The judge decided to _____ the final ruling on the case; this delay allowed time for all the evidence to be thoroughly reviewed.

① announce ② uphold
③ withhold ④ revise

3. Environmental degradation might have been a critical factor: the ancient society's excessive reliance on natural resources for sustenance, along with prolonged droughts, appears to _____ their decline.

① contribute to ② be contributed to
③ have contributed to ④ have been contributed to

[4~5] 밑줄 친 부분 중 어법상 옳지 않은 것을 고르시오.

4. Beneath the crumbling wooden layers ① laid the skeletons of children and young women, ② whose injuries suggest an ③ untimely death, according to an interview the archaeologist gave to the tourism office of the region, ④ where the site is located.

5. The release of the new software platform by leading tech firms ① represent a key turning point in the technology landscape, given their influential role in cutting-edge software solutions, ② which are critical for games, data management, and AI-driven applications. The integration of this platform is expected ③ to offer considerable performance gains, ④ generating high expectations for upcoming software releases from leading tech companies.

[6~7] 밑줄 친 부분에 들어갈 말로 가장 적절한 것을 고르시오.

6.
A: Hello, do you have a reservation?
B: No, I don't. Can I get a table for 2?
A: Sorry, there's nothing available now.
B: _____
A: Sure. Just leave your name and I'll let you know when your table is available.

① I should have made a reservation.
② Could you put me on the waiting list?
③ Are there any other restaurants near here?
④ I'm waiting for the rest of my party.

7.

Ava Smith: I'm taking a cooking class on Italian cuisine. Want to join? 10:42

Daniel Lee: Awesome! I've always wanted to learn how to make pasta. 10:42

Ava Smith: But here's something unusual! We'll be cooking with live ingredients! 10:43

Daniel Lee: Wait, how does that work? 10:44

Ava Smith: _____ 10:45

Daniel Lee: I'm still confused. 10:45

Ava Smith: We'll pick fresh vegetables from the garden. It's just outside the kitchen! 10:46

Daniel Lee: That sounds wild! Count me in! 10:46

① We'll be using pre-packaged ingredients
② Italian cuisine is too complicated for beginners
③ The chef has a favorite store for buying fresh fruit
④ We'll gather produce that's as fresh as it gets

[8 ~ 9] 다음 글을 읽고 물음에 답하시오.

AeroVista's Airport Operations Policy

Passenger Experience

We prioritize providing a seamless and enjoyable experience for all travelers. By cutting wait times at check-ins and security and enhancing facilities like lounges and restaurants, we aim to surpass passenger expectations. Our feedback systems are continually improved to address traveler needs efficiently.

Operational Efficiency

We are committed to optimizing airport operations to improve punctuality and reduce disruptions. Using technologies like automated baggage systems and AI scheduling, we streamline processes while working closely with airlines and ground services to ensure smooth connections and on-time performance.

Environmental Responsibility

We prioritize sustainability by adopting eco-friendly practices to minimize the environmental impact of airport operations. These efforts include using renewable energy, promoting green vehicles, and implementing waste management systems to benefit both the environment and the community.

8. 윗글에서 AeroVista's Airport Operations Policy에 관한 내용과 일치하지 않는 것은?
① It involves reducing wait times at security checkpoints.
② It includes continuously improving feedback systems.
③ It makes use of manually operated luggage systems.
④ It is committed to following environmentally sound practices.

9. 밑줄 친 "surpass"의 의미와 가장 가까운 것은?
① exceed   ② understand
③ compare   ④ satisfy

[10 ~ 11] 다음 글을 읽고 물음에 답하시오.

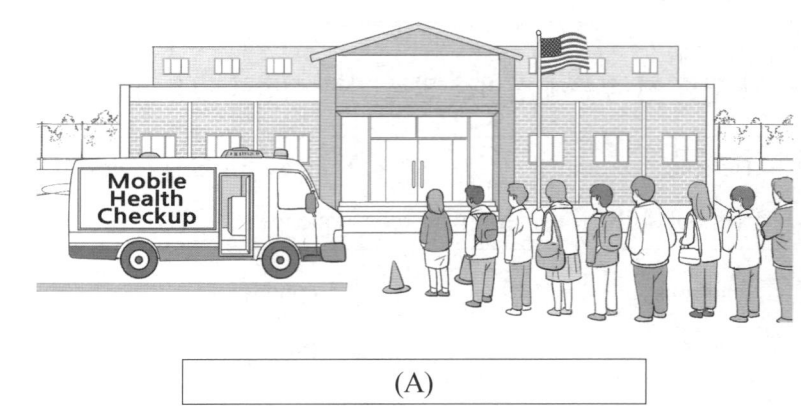

(A)

At Silver Hollow Academy, we are always seeking ways to ensure the well-being of our students and create a supportive environment for their growth. As part of this effort, we are excited to announce that a mobile health screening unit will visit our campus. This program will provide comprehensive health check-ups, including physical examinations, vaccination reviews, and personalized health advice.

Details
- Date: Tuesday, March 11, 2025
- Time: 9:00 a.m. – 3:00 p.m.
- Location: Silver Hollow Academy Parking Lot (near the main entrance)

What's Included
- Comprehensive Assessments: Professional evaluations to ensure students' physical health, including vision, hearing, and general wellness checks
- Vaccination Reviews: An opportunity to update immunization records and receive necessary vaccines with prior consent

For any questions or additional information, please contact the school nurse at:
Phone: (555) 998-4567
Email: nurse@silverhollowacademy.edu

10. (A)에 들어갈 윗글의 제목으로 가장 적절한 것은?
① Stay Ahead with Modern Vaccination Programs
② Mobile Health Services at Your Doorstep
③ A New Vision for Academic Excellence
④ Promote Student Well-Being with Health Care

11. 위 안내문의 내용과 일치하지 않는 것은?
① 행사는 학교의 주차장에서 진행된다.
② 행사는 시력과 청력 검진을 포함하고 있다.
③ 학생들은 필요한 백신을 맞을 수 있다.
④ 문의는 학교 담임교사에게 하면 된다.

제 4 회

[1 ~ 3] 밑줄 친 부분에 들어갈 말로 가장 적절한 것을 고르시오.

1. Most decision-making models assume that individuals behave in a _____ manner; however, this doesn't consider that they frequently make impulsive choices instead.

   ① irresistible
   ② emotional
   ③ rational
   ④ charitable

2. In language interactions, certain speech patterns can _____ listeners when used excessively, such as filler words and repetitive phrases that disrupt the flow of conversation.

   ① amuse
   ② irritate
   ③ represent
   ④ sustain

3. However _____ her trip, unexpected problems always arose.

   ① planned she careful
   ② careful she planned
   ③ she planned carefully
   ④ carefully she planned

4. 밑줄 친 부분 중 어법상 옳은 것은?

The recently released Act, which aims at enhancing the livelihood security of the poor, ① have achieved some success in poverty reduction and in empowering women both economically and socially. These are just some of the success stories. What is important to keep in mind is ② what the labour standards and social protection should cover not only people ③ employed in the formal economy, but also ④ that in informal work, which account for a large percentage of the economically active population especially in the low income countries and middle income countries.

5. 밑줄 친 부분 중 어법상 옳지 않은 것은?

The Declaration of Independence ① aroused a strong sense of unity among the American colonies during the Revolutionary War. The opportunity for freedom ② was offered to them at great cost, requiring immense sacrifice and resilience. However, for many colonists, it was no use ③ fighting without a clear vision of the nation's future. Leaders like Thomas Jefferson believed it was better to plan and govern well than ④ simply winning the war, ultimately ensuring the foundation of a lasting democracy.

[6 ~ 7] 밑줄 친 부분에 들어갈 말로 가장 적절한 것을 고르시오.

6.
A: Hey, I'm about to order some food at the fast-food place. Do you want me to get you anything?
B: Well... get me a cheeseburger meal set with an apple pie.
A: Sure. Is that all for you?
B: _____. They always forget to leave them out.
A: Okay. See you soon.

① Please make sure to tell them no pickles
② Don't forget to keep the receipt
③ I'll be there to pick you up in a minute
④ They are having a 'buy one get one free' promotion

7.

Receptionist
Hi, Mr. John Smith, this is Emily from Dr. Carter's office. You had an appointment scheduled for today at 10:00 AM, but we didn't see you. Is everything okay?
10:42

John Smith
Oh no! I thought my appointment was tomorrow. I'm so sorry about the mix-up.
10:42

Receptionist
No problem. Let's reschedule. Since today is Thursday, how about tomorrow?
10:43

John Smith
I'm available this Friday morning or early next week.
10:44

Receptionist
_____.
10:45

John Smith
Perfect! I'll make sure to double-check my calendar this time.
10:45

① Your new appointment is Thursday at 10:00 AM
② Friday morning is already fully booked
③ Let me check with our schedule first
④ Let's reschedule for tomorrow at the same time

[8 ~ 9] 다음 글을 읽고 물음에 답하시오.

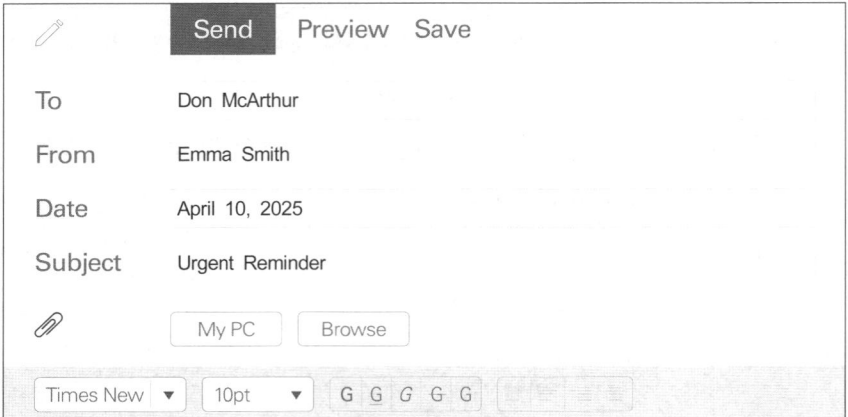

Dear Mr. McArthur,

We appreciate your trust in SecureLife Insurance. We are committed to providing reliable coverage and support for your peace of mind.

To ensure that your policy remains active, we want to draw your attention to a recent payment that appears to be <u>outstanding</u>:

Outstanding Amount: $200.00

Due Date: March 25, 2025

Keeping up with timely payments ensures uninterrupted coverage and the continued security of your policy. Please make your payment by April 25 to avoid any lapse in coverage. Payments can be made through our secure online portal, via bank transfer, or by contacting our customer service team for assistance.

If you have already made the payment or if you believe this message was sent in error, kindly reach out to us at (123) 456-7890 or reply to this email.

Thank you for your prompt attention to this important matter.

Warm regards,
Emma Smith
Customer Relations Manager
SecureLife Insurance

8. 윗글의 목적으로 가장 적절한 것은?
① to inform a customer of a payment date
② to remind a customer of an unpaid balance
③ to promote a new product
④ to thank for a timely payment

9. 밑줄 친 "outstanding"의 의미와 가장 가까운 것은?
① prominent   ② resolved
③ mediocre   ④ overdue

[10 ~ 11] 다음 글을 읽고 물음에 답하시오.

(A)

Navigating the teenage years can be challenging for both parents and their children. This period often brings misunderstandings and conflicts, making strong communication more important than ever. Join us for a workshop designed to help parents build trust and connection with their teens through empathy and effective strategies. The session will be led by an experienced adolescent psychologist specializing in family dynamics.

Details
• Date: Wednesday, March 27, 2025
• Time: 6:00 p.m. – 8:30 p.m.
• Location: Riverdale High School Auditorium

What You'll Learn
• Empathy First: Techniques for recognizing and validating your teen's emotions.
• Conflict Resolution: Strategies for handling disagreements constructively.
• Communication Tools: How to encourage openness without judgment.

Special Offer
• A free basic psychological assessment for parents will be offered, while optional advanced assessments with detailed analysis will be available for a nominal fee.

Registration
Registration is free but required. Reserve your spot at www.riverdaleparenting.org or call (555) 678-9101.

10. (A)에 들어갈 윗글의 제목으로 가장 적절한 것은?
① Bridges for Effective Parent-Teen Communication
② Effective Parenting in the Digital Age
③ Mastering Communication for Better Interactions
④ Empowering Teens to Excel in School

11. 위 안내문의 내용과 일치하지 않는 것은?
① 가족 역학 분야의 전문가가 행사를 진행할 예정이다.
② 참가자는 판단하지 않고 상대를 수용하는 법을 배운다.
③ 소액의 수수료를 지불하면 기본 심리 검사를 받을 수 있다.
④ 워크숍은 사전에 등록해야 하며 비용은 무료이다.

제 5 회

[1 ~ 3] 밑줄 친 부분에 들어갈 말로 가장 적절한 것을 고르시오.

1.
Her ability to solve complex problems with ease seemed almost _____, as if she was born with a natural talent for critical thinking.

① superficial ② acquired
③ innate ④ artificial

2.
The investigator was determined to _____ deeper into the case to uncover the hidden truth behind the incident.

① probe ② hide
③ subside ④ integrate

3.
By the time he _____ his training, he will have gained significant expertise in his area of specialization.

① will have completed ② is completing
③ will complete ④ completes

[4 ~ 5] 밑줄 친 부분 중 어법상 옳지 않은 것을 고르시오.

4.
Astrophysicists often study celestial bodies that are ① too remote a distance for conventional observation, relying instead on advanced telescopes and data analysis. For instance, new measurements are collected ② every two year by satellites designed to observe deep-space phenomena. ③ Intelligent as human beings are, they still have difficulty comprehending the vastness of the universe, which spans billions of galaxies, ④ each of which contains billions of stars. While breakthroughs have been made, much of the cosmos remains a mystery.

5.
Self-actualization, as ① described by Abraham Maslow, represents the final stage of psychological development, achieved once basic needs like safety, love, and esteem are met. It involves ② realizing one's potential, often manifesting as a deep sense of purpose and fulfillment. Individuals who attain self-actualization live authentically, ③ align their actions with their true selves, and continuously strive for growth despite challenges. Overcoming fears and boundaries is crucial in this journey, ④ in which ultimately paves the way for true self-fulfillment.

[6 ~ 7] 밑줄 친 부분에 들어갈 말로 가장 적절한 것을 고르시오.

6.
A: Hey, how was your night? Did you sleep well?
B: Not really. I had a hard time falling asleep.
A: What's been keeping you up at night?
B: I couldn't sleep because of the noises coming from the upstairs flat.
A: _____?
B: Of course! But it doesn't get better at all.
A: Maybe you should talk to the building manager about it.
B: Yeah, I'll try that. I hope they can actually solve the problem this time.

① Have you complained about that
② Do you want to get along with your neighbors
③ Have you looked for a new quiet home
④ Do you want me to deal with that noise

7.

David Johnson
Hi, this is David Johnson from the Marketing Team.
10:42

Manager Lee
Hi David. How can I help you?
10:42

David Johnson
I had a skydiving accident over the weekend and won't be able to come to the office today.
10:43

Manager Lee
Oh no, I hope you're okay!
10:44

David Johnson
I broke my leg, but it's healing.
10:45

Manager Lee
_____?
10:45

David Johnson
I only need to take this week off.
10:46

Manager Lee
Thanks for letting me know. I appreciate it. Take care, and I'll see you next week!
10:46

① Can you drive home on your own
② Did you already get proper treatment
③ Is there anything I can help you with
④ How long will you be out of work

[8 ~ 9] 다음 글을 읽고 물음에 답하시오.

Dear Residents,

As the weather changes, we at the management office are committed to keeping all facilities well-maintained for residents' comfort. We ask for your help in maintaining a safe and pleasant environment.

Recently, we have noticed that the fire doors on each floor are frequently left open. These fire doors are crucial safety features designed to prevent the spread of fire and smoke in the event of an emergency. Therefore, it is essential that these doors remain closed at all times. We kindly ask for your cooperation in ensuring that these fire doors are not left open under any circumstances.

Your small actions contribute significantly to the safety of our community. We understand it may be inconvenient, but please keep the fire doors closed for everyone's safety. We appreciate your support in keeping Madison Apartments safe and comfortable.

Thank you.
Madison Apartments Management Office

8. 윗글의 목적으로 가장 적절한 것은?
① 아파트 주민들에게 화재 시 대피 경로를 알려주려고
② 아파트 주민들에게 소화전 사용 방법을 안내하려고
③ 아파트 주민들에게 방화문을 닫아둘 것을 요청하려고
④ 아파트 주민들에게 방화문 점검에 대한 양해를 구하려고

9. 밑줄 친 "spread"의 의미와 가장 가까운 것은?
① extension   ② ignition
③ restriction   ④ concentration

[10 ~ 11] 다음 글을 읽고 물음에 답하시오.

(A)

Due to the increasing number of crimes targeting community residents, the need for practical self-defense skills has never been greater. The Community Empowerment Self-Defense Workshop is designed to equip individuals with essential skills to protect themselves and boost their confidence.

This workshop provides a safe and supportive environment where participants can learn practical martial arts techniques, such as Judo, Taekwondo, and Krav Maga, from experienced instructors. These skills are tailored to real-life situations to ensure they are both effective and empowering.

Join us to learn practical self-defense skills and contribute to a safer community.

Details
- Dates: Saturday, March 8 − Sunday, March 9
- Times: 10:00 a.m. − 5:00 p.m. (both days)
- Location: Downtown Community Center, Main Hall

Highlights
- Expert Training: Learn self-defense techniques from certified martial arts trainers who specialize in community-focused programs.
- Interactive Sessions: Participate in group exercises, role-playing scenarios, and one-on-one coaching sessions.

For more information or to register, visit our website at www.empowermentselfdefense.org or contact the event coordinator at (555) 678-9012.

10. (A)에 들어갈 윗글의 제목으로 가장 적절한 것은?
① Enhancing Community Safety Through Unity
② Building Strength Through Practical Self-Defense Skills
③ Empowerment Beyond Physical Limits
④ Fighting Back for Your Freedom

11. 위 안내문의 내용과 일치하지 않는 것은?
① The workshop focuses on advanced techniques for sports match.
② Participants will have the opportunity to learn various martial arts.
③ Certified martial arts trainers will lead the workshop sessions.
④ The event includes interactive activities like role-playing scenarios.

제 6 회

[1 ~ 3] 밑줄 친 부분에 들어갈 말로 가장 적절한 것을 고르시오.

1. The frozen ground is melting after a long winter, and flower buds and leaves are starting to peek out, which indicates that spring is _____.

① imminent ② remote
③ overdue   ④ static

2. The manager emphasized that small issues should be resolved quickly to _____ their potential impact on the project's timeline.

① liberate ② integrate
③ diminish ④ magnify

3. Had he been overly focused on the details, he _____ the bigger picture and failed to complete the project on time.

① would have missed ② would miss
③ had missed   ④ missed

4. 밑줄 친 부분 중 어법상 옳은 것은?

Our brains ① are consisted of an estimated 100 billion neurons, which are connected to each other by over 100 trillion synapses. ② Whatever you experience an event, a specific set of neurons and a pattern of connections are activated. Memories are thought ③ to be stored in these patterns of connections. However, we still don't fully understand the process ④ which the way experiences are shown or understood is consolidated into long-term memory.

5. 밑줄 친 부분 중 어법상 옳지 않은 것은?

A landmark public inquiry into allegations of human rights violations by foreign troops in African countries ① has been gathering "heartbreaking" testimony from those who say they were mistreated. ② Dozens of people have this week given evidence to the parliamentary inquiry into the alleged misconduct of soldiers from a foreign military. Among them is a young woman who was allegedly disabled in a hit-and-run accident ③ caused by a foreign military truck. Also included ④ is a mother who says she was abandoned while pregnant and a man who was attacked by a lion following fires allegedly started during a military training exercise.

[6 ~ 7] 밑줄 친 부분에 들어갈 말로 가장 적절한 것을 고르시오.

6.
A: Do you have any good news? You look so excited.
B: I've got great job offers from several companies!
A: Wow! Congrats! Have you decided which company you would work for?
B: Not yet. _____.
A: Well, in my case, I took account of work life balance. I think securing my personal life helps raise work efficiency.
B: That sounds reasonable. I will take that into consideration.

① I still haven't found anything I like
② I think I'm not ready to change my career path
③ I have no idea what factors I have to consider as a priority
④ I already chose to accept the highest-paying job

7.

 Emily Taylor
Hey, don't you think the water from the purifier has been really bad lately?
10:42

 Sam Carter
Yeah, I was thinking we should replace the filter too.
10:42

 Emily Taylor
Should we contact a department like the facilities management team?
10:43

 Sam Carter
We should probably check the break room first.
10:44

 Emily Taylor
_____?
10:45

 Sam Carter
I think so. I remember seeing one in the cabinet.
10:45

 Emily Taylor
Hearing that makes me thirsty. Let's go together.
10:46

① Will you check there for me
② When did you contact the team
③ Is there a spare filter there
④ Can you bring me some water

[8~9] 다음 글을 읽고 물음에 답하시오.

Commerce and Trade Development Office

Mission
We lead programs that expand domestic and international trade opportunities for businesses in diverse industries to improve economic growth and innovation. We also deliver essential services that support industry standards, boost competitiveness, and ensure the availability of quality goods and services for consumers worldwide.

Vision
We <u>drive</u> strategic development and promotion of national commerce and trade, ensuring equitable trade practices and cultivating a thriving, efficient market that benefits producers, businesses and consumers across various sectors.

Core Values
- Integrity & Accountability: We adhere to the highest standards of integrity and accountability in all our efforts.
- Objectivity & Fairness: We maintain impartiality and fairness in every aspect of our operations to build confidence and trust in our services.

8. 윗글에서 Commerce and Trade Development Office에 관한 내용과 일치하지 않는 것은?
① It has programs which enlarge trade opportunities worldwide.
② It aims to reduce excessive competitiveness within the industry.
③ It conducts strategic promotion of national commerce and trade.
④ It keeps fairness to build confidence and trust in its services.

9. 밑줄 친 "drive"의 의미와 가장 가까운 것은?
① propel
② curb
③ transport
④ compel

[10~11] 다음 글을 읽고 물음에 답하시오.

(A)

In response to the growing concerns over rental fraud and its devastating impact on individuals and families, Representative Andrew Park is hosting a public meeting to discuss effective solutions for supporting victims and preventing future incidents. This meeting aims to gather input from community members, legal experts, and policymakers to shape meaningful legislative action.

Meeting Details
- Date: Thursday, February 6, 2025
- Time: 6:30 p.m. − 8:30 p.m.
- Location: Capitol Hall, Room 102

Agenda
- Expert Panel Discussion: Hear from legal experts, housing advocates, and fraud prevention specialists on potential strategies.
- Public Forum: Community members are invited to share personal experiences, ask questions, and propose solutions.

Participation Information
Attendance is free, but seating is limited. To reserve a seat, please RSVP by Monday, January 20 at www.andrewpark.gov/rentalfraudmeeting or by contacting the office.

10. (A)에 들어갈 윗글의 제목으로 가장 적절한 것은?
① Raising Awareness About Rental Policies
② Public Forum on Housing Issues
③ Legislation for Fair Housing
④ Finding Solutions for Rental Fraud Victims

11. 위 안내문의 내용과 일치하지 않는 것은?
① 임대 사기에 관한 공개 회의이다.
② 회의는 두 시간 동안 진행된다.
③ 회의에서 법률 전문가의 의견을 들을 수 있다.
④ 좌석 예약은 앱을 통해서 하면 된다.

제7회

[1 ~ 3] 밑줄 친 부분에 들어갈 말로 가장 적절한 것을 고르시오.

1. Unlike the traditional approach, which is often rigid and strict, the new management system promotes a more _____ way of handling tasks to improve efficiency and creativity.

① objective ② complicated
③ flexible   ④ limited

2. In order to protect the identity of the informant, the detective chose to _____ his involvement in the case.

① modify ② expand
③ expose ④ conceal

3. The more consistently you practice your skills, _____ to succeed in achieving your ambitions

① you are the more likely
② more you are likely
③ the more likely you are
④ the more you are likely

[4 ~ 5] 밑줄 친 부분 중 어법상 옳지 않은 것을 고르시오.

4. Intuition, often known as a "gut feeling" is a powerful and subtle aspect of human perception. In Indian philosophy, "pragya" represents intuition as a form of higher knowledge ① that stems from spiritual insight, offering a direct grasp of truth beyond logical reasoning. Modern science views intuition differently, ② defines it as the brain's ability to make swift, subconscious decisions by processing patterns and experiences. Research suggests ③ that this ability enables us ④ to draw accurate conclusions quickly, often without consciously analyzing all the information.

5. The country is on the verge ① of transferring advanced missiles to the Eastern European nation, a move that could significantly shift the dynamics of the ongoing conflict with its neighboring adversary. According to reports from unnamed officials, this transport is part of an autumn military aid package ② aimed at bolstering the nation's defense capabilities. The introduction of long-range missiles into the nation's arsenal is expected ③ to undermine the adversary's offensive capabilities and ④ altering the strategic landscape of the conflict.

[6 ~ 7] 밑줄 친 부분에 들어갈 말로 가장 적절한 것을 고르시오.

6.
A: Did you hear that our next door was robbed last night?
B: Seriously? Are they alright?
A: They are fine, but all their in-home electronics were stolen.
B: I feel really bad about that. _____.
A: You're right. Our house may be the next target. I should call the security company right away.

① Let's stop by and comfort them
② I think we need a home security system
③ The police will find the thief
④ Their security system was out of order

7.

Anna Brown: Hi, I'm here to confirm my cake order for tomorrow. I'll be picking it up at 3 PM. 10:42

HappyCake Baker: Sure, let me check. Just to let you know, it's a frozen cake. 10:42

Anna Brown: That's fine. 10:43

HappyCake Baker: _____ 10:44

Anna Brown: Why are you asking? 10:45

HappyCake Baker: I can take it out ahead of time so it'll be thawed and ready to serve. 10:45

Anna Brown: Oh, I see. The party will be at 5 PM. 10:46

HappyCake Baker: Got it. I'll make sure it's defrosted and ready to eat by 5 PM. 10:46

① When will you be serving it?
② Can I confirm your pick-up time?
③ Do you want the cake delivered instead?
④ Should I keep the cake frozen until tomorrow?

[8 ~ 9] 다음 글을 읽고 물음에 답하시오.

BrightHealth Hospital Operations Policy

Patient Care

We are dedicated to providing an exceptional experience for all patients. By minimizing wait times for appointments and improving amenities like waiting areas and meal options, we strive to exceed patient expectations.

Operational Efficiency

We focus on optimizing hospital operations to improve treatment flow and reduce delays. Utilizing technologies such as electronic health records and automated scheduling, we streamline patient care while collaborating with staff and external partners to ensure seamless care transitions and timely services.

Sustainability Commitment

We emphasize eco-friendly healthcare practices to reduce our environmental footprint. This includes using renewable energy sources and promoting environmentally safe waste disposal for hospital operations that benefit both our community and the planet. These attempts are being successfully implemented and yielding positive outcomes.

8. 윗글에서 BrightHealth Hospital Operations Policy에 관한 내용과 일치하지 않는 것은?

① It enhances the patient experience by improving amenities.
② It streamlines patient care through electronic records and scheduling.
③ It focuses on eco-friendly practices to minimize environmental impact.
④ It is planning to switch to fossil energy for its future operations.

9. 밑줄 친 "yielding"의 의미와 가장 가까운 것은?

① multiplying   ② obeying
③ surrendering ④ producing

[10 ~ 11] 다음 글을 읽고 질문에 답하시오.

(A)

To celebrate Buddha's Birthday, the Green Harmony Initiative is organizing a meaningful event that combines environmental awareness with spiritual values.

This year, participants will release animal figures crafted from biodegradable materials into the Lotus Pond at Peaceful Forest Park. Each figure is made from cornstarch-based materials, ensuring it decomposes within 30 days in water. These figures symbolize compassion for all living beings and a commitment to protecting the environment. The materials used are designed to decompose naturally, leaving no harm to the ecosystem.

Join us to witness this inspiring event and contribute to a greener planet.

Details
- Location: Peaceful Forest Park, near the Lotus Pond
- Date: May 25, 2024 (Buddha's Birthday)
- Time: 11:00 a.m.

For additional information, please visit our website at www.greenharmonyinitiative.org or call our office at (456) 789-1234.

10. (A)에 들어갈 윗글의 제목으로 가장 적절한 것은?

① Turning Compassion into Real Action
② A Peaceful Day to Honor Wildlife
③ Saving Our Precious Planet Together
④ Release of Eco-Friendly Living Beings

11. 행사에 관한 윗글의 내용과 일치하지 않는 것은?

① 이 행사는 친환경적인 모형 동물을 이용한다.
② 조형물은 땅속에서 한 달 이내에 분해될 수 있다.
③ 조형물의 재료는 생태계에 나쁜 영향을 주지 않는다.
④ 이 행사는 연못 근처에서 개최될 예정이다.

제8회

[1 ~ 3] 밑줄 친 부분에 들어갈 말로 가장 적절한 것을 고르시오.

1. Faced with unforeseen challenges, the leader decided to _____ the project, citing insurmountable difficulties.

① pursue ② abandon
③ improve ④ sustain

2. The two processes are _____; both follow a similar structure and yield comparable results under similar conditions.

① distinct ② incompatible
③ unrelated ④ analogous

3. _____ was the news that everyone in the room stared at each other in disbelief without saying a single word.

① So surprising ② So surprised
③ Such surprising ④ So surprise

[4 ~ 5] 밑줄 친 부분 중 어법상 옳지 않은 것을 고르시오.

4. The eclipse of "snail mail" in the age of instant electronic worlds ① has been predicted at least as often as the coming of the paperless office. But the consumption of paper keeps ② rising. And so ③ is the flow of material carried by mail. On average, every American household receives ④ twice as many pieces of mail a day as it did in the 1970's.

5. Beer has long been a popular beverage enjoyed by people worldwide, and much of the debate revolves around ① what makes it such a timeless favorite. ② No matter how advanced brewing methods become, the essence of beer as a social and cultural drink remains unchanged. It is often ③ regarded a universal symbol of relaxation, bringing friends and communities together in celebrations both big and small. Some beers, especially lighter varieties, are ④ refreshing enough to provide perfect relief on a hot summer day, further solidifying their popularity.

[6 ~ 7] 밑줄 친 부분에 들어갈 말로 가장 적절한 것을 고르시오.

6.
A: Could you hand me my bill, please?
B: Sure, here it is. Let me know if everything looks okay.
A: _____
B: Oh, really? Let me review the charges for you.
A: Yes, please. It's much higher than I expected.
B: Oh, I see now. It seems you were charged twice for the same item.
A: Thank you for catching that. Please fix it.

① Everything looks fine, thank you.
② How much is the tax on this total?
③ I think there's been a mistake here.
④ Could you apply a discount to this bill?

7.

 John Smith
Hi, I'd like to reschedule my class from today at 6 PM to the same time tomorrow.
10:42

EnglishPro Manager
Let me check that for you.
10:42

John Smith
Sure, thank you.
10:43

EnglishPro Manager
_____.
10:44

John Smith
Oh, I see. Is it possible to have another teacher at 6 PM tomorrow instead?
10:45

EnglishPro Manager
Let me check... Yes, that's possible. I'll update the schedule for you.
10:45

John Smith
Thank you so much for your help.
10:46

① Your teacher has another student at 6 PM tomorrow
② Your rescheduling request has been confirmed
③ There are no classes available tomorrow
④ Other teachers are not available at 6 PM tomorrow

[8 ~ 9] 다음 글을 읽고 질문에 답하시오.

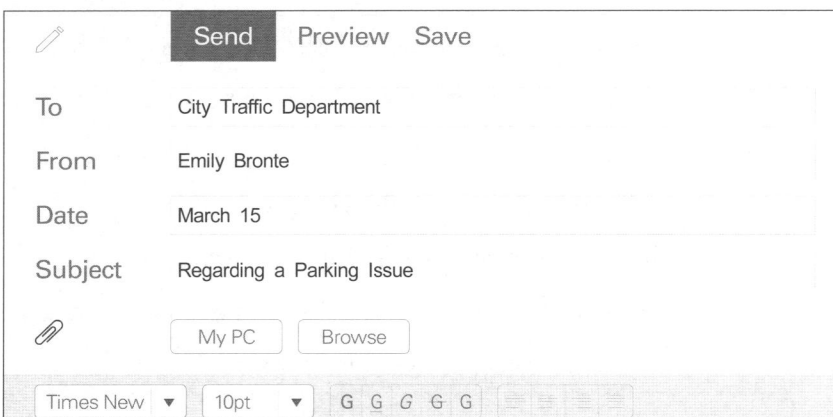

To whom it may concern,

I am writing to bring attention to an issue that has been causing considerable inconvenience in our neighborhood. Recently, there has been a noticeable increase in vehicles double parked on our streets, particularly during peak hours.

As a resident of this area, I am concerned about the safety and accessibility of our roads. Double parking not only disrupts the flow of traffic but also poses a risk to pedestrians and emergency vehicles needing clear passage. The blocked lanes have often led to delays and dangerous situations that could have been mitigated through more rigorous enforcement.

I kindly request that you take <u>transitory</u> interventions to treat this problem promptly and develop long-term measures to discourage double parking. Thank you for considering this matter, and I appreciate your prompt attention to help ensure safer streets in our community.

Sincerely,
Emily Bronte

8. 윗글의 목적으로 가장 적절한 것은?
① 특정 시간대에 주차 규제를 강화하도록 촉구하려고
② 이중 주차로 인해 발생하는 문제 해결을 요청하려고
③ 차량 소유자들에게 이중 주차의 문제점을 알리려고
④ 주거지 인근에 주차 금지 구역을 확장하도록 권고하려고

9. 밑줄 친 "transitory"의 의미와 가장 가까운 것은?
① temporary   ② sporadic
③ preventive   ④ appropriate

[10 ~ 11] 다음 글을 읽고 질문에 답하시오.

(A)

Have you ever wanted to craft something truly your own? From choosing the wood to sanding and finishing, you'll learn every step of the process with guidance from expert artisans. This hands-on event lets you design and make your very own wooden cutting board. Join us for the "Design & Dine: Cutting Board Workshop", where creativity meets craftsmanship.

Don't miss this opportunity to make a lasting kitchen essential, while also enjoying refreshments and drinks and connecting with others who share your passion for handmade creations.

Event Details:
• Location: Community Craft Center, Room 101
• Date: Saturday, February 8, 2025
• Time: 10:00 a.m. − 2:00 p.m.

For registration and further details, please visit www.designanddineworkshop.com or contact us at (555) 678-9012.

10. (A)에 들어갈 윗글의 제목으로 가장 적절한 것은?
① Designing a Timeless Touch
② Essential Tools for Every Chef
③ Making a Board out of Creativity
④ Wood Turning into Lasting Art

11. Workshop에 관한 윗글의 내용과 일치하지 않는 것은?
① 모든 단계에서 장인의 도움을 받을 수 있다.
② 디자인 도안을 제공받아 도마를 만들 수 있다.
③ 참가자들에게 음료와 간단한 다과가 제공된다.
④ 행사는 오전에 시작해서 4시간 동안 진행된다.

12. 다음 글의 주제로 가장 적절한 것은?

The US library system today is enormous; 16,000 library outlets are now visited nearly 1.5 billion times a year and house a variety of resources, from newspaper articles to fiction books, audio and video resources, and Internet terminals, all free for public use. Yet less than a century ago, the idea of equal access to books was revolutionary and controversial. The vision and action of one man, Andrew Carnegie, helped to create more than 2,500 libraries worldwide during the early 1900s. For Carnegie, the library was the manifestation of one central theme in his philanthropic philosophy — self-betterment — and nearly every community that requested support from him received it. By the 1920s, Carnegie's library gifts surpassed $39 million and had led to the construction of 1,679 public libraries in the United States alone. Today, these libraries are an integral part of the nation's public library network.

① free resources the current US library system provides
② chronic problems of US libraries and Carnegie's solutions
③ Carnegie's tremendous contribution to expanding US libraries
④ Carnegie's efforts to computerize US underdeveloped libraries

13. 다음 글의 요지로 가장 적절한 것은?

Consumer Rights and Protection

The Global Consumer Advocacy Network (GCAN) has played a significant role in solving issues faced by consumers. Unscrupulous business practices, such as false advertising or hidden fees, can harm consumers economically and erode trust in markets.

Challenges in Consumer Advocacy

One major challenge in protecting consumers is the growing complexity of digital transactions. Misleading information on online platforms and unclear terms of service often leave consumers vulnerable. Additionally, fraudulent schemes targeting digital payment systems exacerbate the risks faced by buyers.

GCAN employs a team of legal experts who review consumer complaints and take action to resolve disputes. Their efforts include negotiating directly with companies, filing lawsuits when necessary, and educating the public about their rights in the digital economy. Safeguarding consumer rights has been a primary objective for GCAN for many years.

① GCAN focuses on providing legal support to consumers.
② GCAN aims to lead research on consumer behavior trends.
③ GCAN actively promotes transparency in digital transactions.
④ GCAN aims to protect consumer rights in the markets.

14. 다음 글의 내용과 일치하지 않는 것은?

Our film festival will showcase a diverse range of films from around the world and feature introductions by film industry experts, providing a rich cinematic experience. This event also offers a great opportunity for networking with fellow film enthusiasts.

Event Details
- Date: Saturday, October 12
- Time: 2:00 PM – 8:00 PM
- Venue: Central Arts Theater

Enjoy a variety of film screenings, including feature films, documentaries, and shorts, highlighting the best of global cinema. Participate in interactive panel discussions with filmmakers, actors, and industry professionals, offering deep insights into the film industry. Additionally, take advantage of valuable networking opportunities to connect with industry insiders and fellow attendees.

For more information, contact us at info@filmfestival2024.org or call (555) 789-1234.

① Participants can build connections with other film enthusiasts.
② The event will take place over the course of six hours.
③ The event provides opportunities to produce short films.
④ Participants can engage in discussions with film experts.

15. The Rise of Home Gardening에 관한 다음 글의 내용과 일치하지 않는 것은?

The Rise of Home Gardening

Home gardening is experiencing a notable surge in popularity as individuals increasingly turn to growing their own vegetables and herbs. This rising trend is fueled by a growing desire for self-sufficiency and healthier eating habits. In the first half of 2023, sales of seeds and gardening tools rose by 35% compared to those of the previous year, reflecting this shift. Contrary to concerns that home gardening might reduce interest in urban community gardens, it has instead enhanced community involvement and strengthened the broader gardening movement. Additionally, online gardening communities are flourishing, offering valuable support and advice to both new and experienced gardeners.

① Home gardening for vegetables and herbs is on the rise.
② Sales of gardening supplies have increased by over a third.
③ Urban community garden spaces have been reduced by home gardening.
④ Online gardening communities are growing, offering support to gardeners.

16. 글의 흐름상 가장 어색한 것은?

Darwin often noted facts that challenged his theory of natural selection, such as the peacock's brilliant plumage, which seemed unrelated to survival. ① How could this bright structure possibly have evolved even though the plumage is obviously metabolically costly to the peacock, and furthermore, it seems like an open invitation to predators? ② Darwin's answer to all these puzzles of life was the theory of natural selection, in which organisms develop the most desirable traits suited for their environment. ③ Darwin became so obsessed with this apparent anomaly that he once commented, "The sight of a feather in a peacock's tail, whenever I gaze at it, makes me sick!" ④ Darwin also observed that in some species, the sexes differed dramatically in size and structure. Why would the sexes differ so much, Darwin wondered, when both males and females confront essentially the same problem of survival, such as eating, fending off predators, and combating disease?

17. 주어진 문장이 들어갈 위치로 가장 적절한 것은?

People tend to react to such measures by moving their illicit barbecues to public parks and forests.

Governments in many parts of the world have made backyard fire pits either illegal, or strictly regulated. (①) In much of the United States you need a permit to set even a beach fire, and in Mérida, Yucatán, Mexico, it is illegal to roast chillies within city limits. (②) Yet, in our industrialized world, so much more public space has also been enclosed. (③) Digging and making fires are widely prohibited, and grills have been erected in some public parks to encourage people to grill instead of barbecue. (④) The message is clear: grill some hamburgers, burn some sausages, sure, but keep your too large, loud, and unruly gatherings out of here.

18. 주어진 글 다음에 이어질 글의 순서로 가장 적절한 것은?

Artificial Intelligence (AI) is transforming industries and society by automating processes, analyzing data, and improving decision-making. Yet, its ethical implications and impact on jobs and inequality remain concerning.

(A) While AI has the potential to drive innovation and enhance productivity, it also raises questions about job displacement and income inequality.

(B) Therefore, it is crucial to establish ethical frameworks and policies that ensure AI is developed and used responsibly for the benefit of all.

(C) For instance, automation powered by AI has already replaced some manual jobs, leaving workers to seek new skills to remain relevant in the changing job market.

① (A) − (C) − (B) ② (A) − (B) − (C)
③ (B) − (C) − (A) ④ (B) − (A) − (C)

[19 ~ 20] 밑줄 친 부분에 들어갈 말로 가장 적절한 것을 고르시오.

19.

When faced with a decision, the decision maker uses key features of the situation to search their memory. If they find a memory of a similar situation with nearly identical features, this new situation is recognized. Recognition is helpful because the decision maker can rely on their past knowledge to guide their actions. In decision-making, old behaviors used in new but similar situations are called *policies*. In learning psychology, they are called *habits*. In social psychology, they are called *scripts*. In all cases, the goal is to make the process more efficient by _____ instead of making a new decision for every situation.

① asking for advice
② predicting outcomes
③ following past examples
④ removing unrelated options

20.

One of the defining characteristics of humans is the ability to _____. This trait sets humans apart from most animals, whose behaviors are driven by instinct and immediate needs. While some animals, like primates and dolphins, show basic self-awareness, their abilities lack the depth and complexity of human reflection. Humans, on the other hand, can analyze their past actions, learn from mistakes, and plan for the future. Self-reflection enables individuals to evaluate their emotions and decisions, fostering personal growth and adaptability. This ability not only distinguishes humans but also drives creativity and innovation, helping them thrive in a constantly changing world.

① survive in extreme conditions
② communicate effectively with others
③ build large and complex social systems
④ reflect on their own thoughts and actions

12. Universal Postal Union에 관한 다음 글의 내용과 일치하지 않는 것은?

Universal Postal Union (UPU): Past and Present

The Universal Postal Union (UPU) was established in 1874 with 22 member countries to standardize international mail services. Today, it includes 192 member countries and focuses on modernizing postal operations. Headquartered in Bern, Switzerland, the UPU is one of the oldest intergovernmental organizations and became a specialized agency of the United Nations in 1948. Its primary mission is to ensure a seamless global postal system by setting uniform rates and standards for international mail. It also manages cooperative services like the Express Mail Service (EMS) for international express deliveries. Current efforts focus on advancing e-commerce logistics, improving digital postal technologies, and improving environmentally sustainable practices.

① It began with 22 member countries to set international mail standards.
② It was incorporated into the United Nations as a specialized agency in 1948.
③ It applies varying rates and standards based on each country's situations.
④ It tries to encourage environmentally sustainable practices globally.

13. 다음 글의 요지로 가장 적절한 것은?

For generations, experts have warned that forest fires are tragic and should be prevented, and it's true that forest fires often destroy large areas of natural vegetation. However, forest fires also produce new growth. The ash that results from a forest fire enriches the soil. Forest fires also stimulate the release of new seeds. Lodgepole pine cones, for instance, release new seeds only when temperatures greater than 113°F melt the waxy coating that encases them. Forest fire also burns away trees' leaves and branches, allowing sunlight, which is necessary for seed growth, to reach the forest floor. In addition, forest fires strengthen existing plant growth. They eliminate dead material that accumulates around live plants. Forest fires also help weed out smaller plants. This removal of both live and dead vegetation reduces the remaining plants' competition for water, sunlight, nutrients, and space, allowing them to grow stronger.

① Forest fires have become more likely due to climate change.
② Forest fires is detrimental to the ecosystems in many ways.
③ Forest fires are among the most tragic forms of natural disaster.
④ Forest fires can have positive effects on maintaining a healthy forest.

14. 다음 글의 목적으로 가장 적절한 것은?

To: All Community Members
From: The Bluecrest Community Center Team
Date: April 15, 2025
Subject: Important Notice

Dear Community Members,

We are constantly striving to improve the services we provide and create a better space for all our visitors. As part of this effort, Bluecrest Community Center will be temporarily closed for renovations from May 1, 2025, to May 15, 2025.

During this period, we will be making significant improvements to the center:

1. Main lobby redesign to create a more welcoming atmosphere
2. Installing safety bars and cushion padding in the children's play area to ensure a safer environment
3. Renovating the community kitchen with state-of-the-art equipment for classes and events.

All events and classes will be rescheduled or relocated. For any questions, feel free to contact us at admin@bluecrestcenter.com or call (555) 987-6543.

Sincerely,
The Bluecrest Community Center Team

① to provide a detailed schedule of upcoming events and classes
② to encourage members to attend upcoming events at the center
③ to apologize for the inconvenience caused by the center's renovations
④ to inform community members about the center's closure and renovations

15. 주어진 문장이 들어갈 위치로 가장 적절한 것은?

With this step, YouTube aims to address creators' concerns while maintaining a fair system.

YouTube faces significant criticism for its handling of copyright claims, which has led to ongoing disputes among creators. (①) Many creators have reported false copyright claims being used to suppress their content or redirect ad revenue. (②) Smaller creators often struggle with unclear copyright guidelines, leading to the unfair removal of videos. (③) To tackle these issues, YouTube introduced a new dispute system that simplifies the process for creators to challenge claims and provides better transparency. (④) However, some argue that the changes still fail to address the imbalance of power between individual creators and corporations.

16. 다음 글의 주제로 가장 적절한 것은?

Your brain is a highly sensitive antenna taking in millions of stimuli every day, and how we process these inputs can make a world of difference when it comes to a sharper brain. For example, I know many people who are absolutely crushed by events in the news, while others are emboldened and undaunted. Your brain can be strengthened by what you experience, like a good workout, or it can be battered and defeated. What separates those two camps of people? The answer is resilience. A resilient brain can withstand ongoing trauma, think differently, and prevent brain-related illnesses including depression. Moreover, possessing a resilient brain is what separates strategic, visionary thinkers from more average ones. It is the ability to improve the brain from challenging experiences.

① resilience as a fuel to boost your brain
② how external stimuli shape brain function
③ relaxation for a more resilient brain
④ brain exercises to enhance strategic thinking

17. 글의 흐름상 가장 어색한 것은?

The Sophists were among the first systematic thinkers to conclude that the truth is relative. Relativism is the belief that knowledge is determined by specific qualities of the observer. ① The Sophists, for example, claimed that place of birth, family habits, personal abilities and preferences, religious training, age, and so forth control an individual's beliefs, values, and even perceptions. ② Based on this belief, the Sophists argued that we need only accept what, according to our culture, seems true at the moment. ③ Most of the sophists came from cities other than Athens, and they usually belonged to rich and influential families with heavy political responsibilities in their cities. ④ The most extreme Sophists claimed that even within the same culture, individuals have their own truths. The consequences of this position can be unsettling; if no ultimate truth exists, no moral code is universally correct or absolutely superior to any other.

18. 주어진 문장 다음에 이어질 글의 순서로 가장 적절한 것은?

Parents are often upset when their children praise the homes of their friends, regard it as an insult on their own cooking, cleaning, or furniture, and are often foolish enough to let the adolescents see that they are annoyed.

(A) Before very long the parents will be complaining that the child is so secretive and never tells them anything, but they seldom realize that they have brought this on themselves.

(B) Such a loss of dignity, or childish behavior on the part of the adults deeply shocks the adolescents, and makes them resolve that in future they will not talk to their parents about the places or people they visit.

(C) They may even accuse them of disloyalty, or make some spiteful remark about the friends' parents.

① (B) − (A) − (C)   ② (B) − (C) − (A)
③ (C) − (B) − (A)   ④ (C) − (A) − (B)

[19 ~ 20] 밑줄 친 부분에 들어갈 말로 가장 적절한 것을 고르시오.

19.

Friendship is becoming rare these days in a world filled with commercial interests. There are so many alternatives for friends such as new dating apps or SNS that you at some point may think that you can do without friends. But still some people like to believe in friendship and struggle to fit into the close-knit friend circle. Interestingly, people often make the mistake of trying to create a strong bond with someone who has a similar taste. However, mutual antipathies are even more important to building friendships; that is, _____. You make friends not because they stick to the same things as you whether that's climbing or caramel lattes. You bond with your friends on a whole new level when you both loathe the same things. The key of friendship is the warm feelings of confidence that what grinds your gears is also grinding theirs. It's the difference between light acquaintances and true friendship.

① mutuality seemingly does the rest
② friendship is all about shared dislikes
③ importance level in friendship matters
④ sticking to the same hobbies may count

20.

For employers, blurred boundaries between work and home may translate into greater productivity. Work is no longer bound to the workplace during working hours. Employers have access to and can make demands on employees' time away from the workplace. However, productivity during the workday is lost when employees abuse Internet access by cyberloafing or cyberslacking, that is, excessively attending to personal matters or recreation during work time. For workers, blurred boundaries mean greater flexibility. Workers can attend to personal matters during traditional work times and complete work tasks at other times, rather than be restricted by work time and place. However, such flexibility can allow work to infringe on family or personal time. Thus blurred boundaries may _____.

① lead to no work and all play
② be both beneficial and harmful
③ favor the stronger over the weaker
④ be a win-win game for both parties

12. 다음 글의 목적으로 알맞은 것은?

Send   Preview   Save

To: allmembers@companymail.com
From: hikingclub@companymail.com
Date: March 10, 2025
Subject: Attention All Members!

Dear Club Members,

With a new season just around the corner, we are excited to continue our shared passion for hiking. To ensure that everyone can fully enjoy all the activities and benefits our club has to offer, it's important to keep your membership up to date.

As a gentle reminder, membership renewal is essential for continued participation in our events and access to all club benefits. Here are the steps to complete your membership renewal efficiently:

1. Go to the "Membership Renewal" section on the Club Portal.
2. Update your contact and emergency details.
3. Complete and submit the renewal form.
4. Pay the annual fee online.
5. Pick up your membership card at the next club event.

For any questions or assistance with the update process, please contact the Hiking Club at hikingclub@companymail.com or call extension 456.

Sincerely,
Hiking Club Committee

---

① To remind members to pay the membership fee
② To remind members to renew their club membership
③ To remind members to update their contact information
④ To remind members to submit the necessary renewal forms

13. 글의 흐름상 가장 어색한 것은?

The honeybee has evolved an extraordinary method of communication to assist in the survival of its hive. Explorer bees search for food and return with the news when they have found nectar or pollen, and they then inform the rest of the hive by means of a set of unique "dancing" movements. ① They circle the hive wall or floor in sort of a figure-eight pattern, shaking their bodies as they dance. ② The specific patterns and speed of movements that they make, and the orientation and size of the patterns, convey information about the direction and the quality of the food they have found. ③ Honeybees tend to nest in old dead trees and are frequently found near clover. ④ Their movements also describe the distance to the food source, which might be several miles away.

14. 다음 글의 주제로 가장 적절한 것은?

When you feel upset, you probably just want to get rid of that feeling. Most people say they just want to feel normal and that it is a bad thing to feel scared, angry, or sad. You may similarly feel that being okay and in control of your life means not feeling negative emotions. It is natural to want to avoid situations that bother you, but actually avoiding them doesn't help you succeed in life. If you keep avoiding starting that school project because you worry it won't be good enough, then you won't get a good grade or you may fail it. To make things worse, if avoidance becomes a pattern, it can eventually lead to skipping school after convincing yourself that you don't feel well. Similarly, if you avoid starting a conversation with that guy or girl you like because it makes you uncomfortable, then you won't get to know him or her better.

① necessity of having control over emotions
② wise conflict avoidance as a preventive strategy
③ relief of negative emotions through conversation
④ bad impacts of avoiding negative emotions

15. 다음 글의 내용과 일치하지 않는 것은?

Welcome to the RoboSphere Museum! Here, you can explore the history, present, and future of robotics all in one place.

In the History Gallery, you can learn about the evolution of robot technology, from the earliest automatons to modern AI robots. The Future Robotics Exhibition features cutting-edge technologies like self-driving cars and medical robots, letting visitors witness demonstrations and observe innovations. In the Interactive Zone, both children and adults can enjoy the fun of controlling and communicating with robots.

The museum also offers educational programs, including coding workshops for children. Reservations are required for participation, so please inquire in advance.

The museum is open daily from 10 a.m. to 6 p.m. and is closed on Mondays.

- **Admission**: ₩12,000 for adults (over 18)
  ₩8,000 for children
  (Free for children under 36 months)

Come and experience the future of robotics firsthand!

① Visitors can see the development of robot technology in the History Gallery.
② Visitors can control robots directly in the Future Robotics Exhibition.
③ Advance reservations are required to participate in the coding workshop.
④ The children's admission fee is ₩4,000 less than the fee charged for adults.

16. 다음 글의 요지로 가장 적절한 것은?

Transforming Children's Lives

Millions of children — as many as 1 in 5 — struggle with mental health or learning challenges. Fully 70% of U.S. counties do not have a single child and adolescent psychiatrist. Due to stigma, misinformation, and a lack of access to care, the average time between the onset of symptoms and any treatment at all is over 8 years. Our children deserve better.

Our Missions to Support Children

That's why the Child Mind Institute (CMI) was created. We're dedicated to transforming the lives of children and families struggling with mental health and learning disorders by giving them the help they need. To achieve this goal, we will do our best by providing gold-standard evidence-based care, delivering educational resources to millions of families each year, training educators in underserved communities, and developing tomorrow's breakthrough treatments.

Together, we can make sure every child gets the support they need to thrive.

① The CMI aims to improve children's mental health and learning.
② The CMI provides educational resources for struggling families.
③ The CMI focuses on training teachers in underprivileged communities.
④ The CMI attempts to reduce the treatment gap for medical care.

17. 주어진 문장 다음에 이어질 글의 순서로 가장 적절한 것은?

After all, machines are pretty limited even though they are conceived, designed, and constructed by people.

(A) But instead of utilizing these strengths, machines require us to be precise, which is what we are not very good at. Machines have no common sense. Moreover, many of the rules followed by a machine are known only by the machine and its designers.

(B) Unlike humans, they lack the rich history of shared experiences that enables meaningful interaction. Instead, machines usually follow rather simple, rigid rules of behavior.

(C) If we get the rules wrong even slightly, the machine does what it is told, no matter how insensible and illogical. People are imaginative and creative, filled with common sense, that is, a lot of valuable knowledge built up over years of experience.

① (B) − (A) − (C) ② (B) − (C) − (A)
③ (C) − (A) − (B) ④ (C) − (B) − (A)

18. 주어진 문장이 들어갈 위치로 가장 적절한 것은?

In addition to the actual water vapor content, this measure also changes depending on the temperature.

Water vapor in air is measured as its 'humidity,' which can be measured in several ways, including absolute humidity, specific humidity, and relative humidity. (①) Among these, relative humidity is the most widely used method. (②) It is the proportion of water vapor in relation to the maximum amount the air can hold, varying with the amount of water vapor present. (③) Warmer air can hold more water vapor, while cooler air holds less. (④) As a result of this cooling process, the air eventually reaches a point where the water vapor begins to condense, known as the dew point.

[19 ~ 20] 밑줄 친 부분에 들어갈 말로 가장 적절한 것을 고르시오.

19.

Socialization serves a(n) _____ function for the family. Although this function has sharply declined in significance in modern Western societies, it is still very important for many traditional communities around the globe. First, children are socialized to grow up to support their parents in old age. Second, in many peasant villages, children are crucial contributors to the family's financial well-being. In Javanese villages in Indonesia, for example, girls aged 9 through 11 contribute about 38 hours of valuable work per week, while boys aged 12 to 14 put in 33 hours a week. Further, the children, especially girls, do most of the rearing of their younger siblings so that their mothers can go out to work.

① religious   ② economic
③ cultural   ④ regulatory

20.

The _____ that follows continuous stimulation is common to all sensory systems, including the sense of smell, which is known as adaptation. With continued exposure to chronically present ambient odors, individuals' perception of odor intensity is greatly reduced. Moreover, these perceptual changes can be profound and durable. It is commonly reported that following extended absences from the odorous environment, reexposure may still fail to elicit perception at the original intensity. Most research on smell adaptation examines relatively transient changes in stimulus detection or perceived intensity but because smell adaptation can be produced with relatively short exposures, these durations are sufficient for investigating many parameters of the phenomenon.

① decrease in responsiveness   ② increase in sensitivity
③ complete inability to adapt   ④ short exposure time

12. Preventing the Missing of the Elderly with Dementia에 관한 다음 글의 내용과 일치하는 것은?

Preventing the Missing of the Elderly with Dementia (PMED) Responsibilities

The PMED is the primary organization in the state dedicated to preventing the disappearance of elderly individuals with dementia. Supported by government welfare funds, the PMED develops and implements tracking devices to help monitor and protect these vulnerable individuals. It also organizes awareness campaigns to educate family members and caregivers on preventive measures and ensure they are aware of resources available to assist in locating elderly individuals if they go missing. Additionally, the PMED collaborates with local authorities and communities to establish quick-response networks for finding missing elderly individuals. The office's mission is to create a safe environment and support the reunification of missing individuals with their families. PMED also provides training programs for caregivers, offering guidance on preventive measures and available support.

① It aims to prevent elderly dementia patients from going missing.
② It develops tracking devices with support from the private sector.
③ It promotes an awareness campaign aimed at public officials.
④ It has a nationwide cooperation network for a rapid response.

13. BiLingo 앱에 관한 다음 글의 내용과 일치하는 것은?

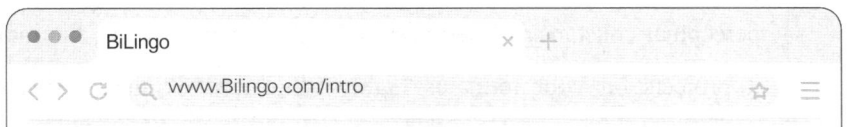

BiLingo: Your Smart Language Learning Partner!

BiLingo is a popular language learning app designed to make mastering new languages fun and interactive. The app provides game-like lessons to help users improve vocabulary, grammar, and pronunciation in an engaging way. Basic features of BiLingo are available for free, while users can access premium benefits by subscribing to BiLingo Pro. The app is compatible with both iOS and Android devices, and a desktop version is also available for learners who prefer studying on a larger screen. New features like personalized learning paths and real-life conversation practice will be introduced soon to enhance the overall learning experience.

① Lessons focus mainly on grammar explanations.
② Users must pay to access any features on the app.
③ It allows users to study on smartphones and computers.
④ Personalized learning paths are already available on the app.

14. 다음 글의 주제로 가장 적절한 것은?

Why do trees share food with their own species and sometimes even go so far as to nourish their competitors? The reasons are the same as for human communities: there are advantages to working together. A tree is not a forest. On its own, a tree cannot establish a consistent local climate. It is at the mercy of wind and weather. But together, many trees create an ecosystem that moderates extremes of heat and cold, stores a great deal of water, and generates a great deal of humidity. And in this protected environment, trees can live to be very old. To get to this point, the community must remain intact no matter what. If every tree were looking out only for itself, then quite a few of them would never reach old age. Regular fatalities would result in many large gaps in the tree canopy, which would make it easier for storms to get inside the forest and uproot more trees. The heat of summer would reach the forest floor and dry it out. Every tree would suffer.

① effective ecosystem services provided by trees
② cooperation of trees for the good of the community
③ trees playing a major role in forming wildlife habitat
④ possibility of controlling extremes of heat and cold

15. 다음 글의 요지로 가장 적절한 것은?

Research on how people form impressions of others has found that negative information receives more attention, is processed more thoroughly, and contributes more strongly to an impression than does positive information. Similarly, in the language of emotions and emotion-related words, there is consistent evidence that humans have much more (one-and-a-half times more) words for negative emotions than for positive emotions. With respect to self-esteem, perceptions of rejection appear to be much more important to people's self-esteem and sense of worth than perceptions of acceptance. Research on affective forecasting shows that people overestimate the enduring impact of negative events much more than they overestimate the effect of positive events. As a final example, threatening faces in a crowd are more rapidly detected than are smiling faces.

*affective forecasting: 정서 예측; 미래에 자신의 감정 상태를 예측하는 것

① Cherish good experiences, but forget bad experiences.
② Express positive emotions, while hiding negative emotions.
③ Bad events have stronger psychological impacts than good ones.
④ It is not easy to derive positive meanings from negative events.

16. 글의 흐름상 가장 어색한 것은?

An organism that uses symptoms as feedback to self-regulate is more likely to survive than one that does not, as ignoring symptoms increases the risk of bodily harm. ① A classic example of this problem occurs in people with congenital insensitivity to pain, a disorder that prevents them from experiencing pain. ② Individuals born with this disorder have a pretty curtailed life expectancy, since they often cut, burn, or otherwise harm themselves without their knowledge. ③ As a result, the individual who is overly attentive to body state and who tends to report symptoms to a much higher degree than others may stand to lose the most from a social point of view. ④ Less extreme examples can be seen with individuals who often die of diseases with subtle onsets; breast cancer or heart disease, for example. In many cases, failing to perceive symptoms allows the condition to progress too far.

17. 주어진 문장이 들어갈 위치로 가장 적절한 것은?

For example, scientific experiments on rhesus monkeys showed that babies actually preferred furry and cozy mother models not providing milk to cold metal models providing milk.

Holding high expectations of children refers to the process of seeing them as possessors of potential greatness. When you truly see children this way, your expectations manifest themselves in a host of verbal and nonverbal messages. (①) Those that see potential greatness in children take every opportunity to encourage the children and dwell on their success, seeing temporary setbacks as masked opportunities. (②) Encouragement is emotional nourishment for the ravenous ego of the young child. (③) Even lower mammals crave emotional nourishment more than physical nourishment. (④) With children, their hypersensitivity to emotional nourishment increases their susceptibility to words of encouragement "You sure learn quickly."

[18 ~ 19] 밑줄 친 부분에 들어갈 말로 가장 적절한 것을 고르시오.

18.

The behaviorist ideal reflected the middle-class cultural ideal of hyper-individualism and emotional control. Taking as a given the superiority of highly independent individuals, it followed that the role of parents was to inculcate independence and emotional regulation as early as possible, for the good of their children and society. The highly dependent state in which an infant is born became, then, a problem to be overcome — not over the course of the infant/toddler's gradual separation and individuation process, but immediately. The physical and emotional detachment of parent from child was the chosen means toward the goal of accelerating the separation process and creating a social gulf between parent and child. Behaviorism thus _____ of American society.

① perpetuated the growing disconnectedness
② strove to put a brake on increasing individualism
③ diminished the abrupt emotional detachment
④ secured the traditional values and norms

19.

In the absence of time cues in the environment, such as sunlight/darkness cues, clocks, and schedules, researchers found that our internal body clock drifts into its natural or intrinsic rhythm, which is about 24.2 hours, or slightly longer than a day. Also, when deprived of all those cues, the sleep-wake, body temperature, and melatonin circadian rhythms become desynchronized so that they are no longer properly coordinated with one another. Thus, _____ is necessary to stay precisely synchronized, or entrained, to a 24-hour day. For example, as the sun sets each day, the decrease in available light leads to the increase in the production of melatonin, helping sleep and reducing activity levels. As the sun rises, sunlight and other bright light suppress melatonin levels, which remain very low during the day. In this way, sunlight helps keep the circadian cycles synchronized and operating on a 24-hour schedule.

① compliance with internal body clock
② exposure to environmental time signals
③ the preservation of biological time machines
④ freedom from time cues in the environment

20. 주어진 글 다음에 이어질 글의 순서로 가장 적절한 것은?

One of the phenomena encountered in interpreting sensory data is perceptual constancy. When you look at a visual stimulus, the image it projects on your retina is highly influenced by the perspective from which you view the object.

(A) If you move away and view the same friend from a distance of 6 feet, a smaller image is projected on your retina. Your sensation has changed, but you will not perceive that your friend has shrunk.

(B) Yet your perception of the object is not as dependent on perspective as your sensation is. For example, if you view a friend from a distance of 3 feet, an image of a certain size is projected onto your retina.

(C) How is this possible? Your brain appears to step in to correct your perception, to give you a constant perception of the objects that you see in the world. There is evidence that our brains correct not only for size constancy, but also for shape constancy, brightness constancy, and color constancy.

*retina: 망막

① (A) − (C) − (B)
② (B) − (A) − (C)
③ (B) − (C) − (A)
④ (C) − (B) − (A)

12. 다음 글의 주제로 가장 적절한 것은?

Professional baseball, which is often thought of as a working person's game, attracts spectators from all social classes, and this mass appeal may have contributed to its long-held reputation as America's national pastime. Likewise, professional football attracts spectators of all incomes. Perhaps the fact that baseball and football stadiums can accommodate fans of all economic levels adds to their appeal. Affluent spectators can ply their guests with food and drink in luxury suites that cost thousands of dollars per game; alternatively, they might choose to sit right by the action, either behind home plate or on the 50-yard line. Meanwhile, at the same game, spectators who are less affluent can purchase a more modestly priced seat in the bleachers, the end zone, or the upper rows.

① spectator sports for people from various economic status
② negative effects of professionalism on spectator sports
③ patterns of sport participation linked to social classes
④ social-class conflict reflected in professional sports

13. 다음 글의 요지로 가장 적합한 것은?

Cultural Treasures In Danger

Over the years, the destruction of heritage sites caused by natural disasters, armed conflicts, and urban development has raised concerns. In response, UNESCO prioritizes the protection of world heritage, recognizing its significance as a representation of the cultural values. Preserving these sites is essential not only for maintaining cultural identity but also for fostering education and supporting tourism.

The Ancient City of Palmyra

The ancient city of Palmyra in Syria suffered extensive damage during armed conflict. This loss has drawn international attention to the need for stronger protective measures to prevent similar tragedies.

Global Strategies for Preservation

To resolve these challenges, UNESCO offers financial aid, leads restoration projects, and deploys teams to assess damage. Partnerships with local governments and experts also play a crucial role in protecting these sites for future generations.

① UNESCO supports the recovery of world heritage through emergency teams.
② UNESCO addresses challenges from reckless development and armed conflicts.
③ UNESCO focuses on the conservation of cultural identity and heritage.
④ UNESCO draws attention to the need for urgent cooperation between countries.

14. 다음 글의 내용과 일치하지 않는 것은?

Dear Residents,

We would like to inform you that the water supply will be temporarily interrupted due to necessary repairs and routine maintenance on the water pipes. Please take note of the following details and prepare accordingly to minimize any inconvenience.

- Interruption Date & Time: January 10th, 2025, from 9:00 AM to 4:00 PM
- Reason for Interruption: Water pipe repairs and routine maintenance
- Affected Areas: Buildings 1, 3, and 5

During the water interruption, please store enough water in advance for drinking and other essential uses. As water will not be available in bathrooms or kitchens, we recommend preparing hygiene products like wet wipes or hand sanitizers. The water supply will be restored immediately once the work is completed.

We apologize for the inconvenience and will do our best to complete the work as quickly as possible. Thank you for your cooperation.

① The water supply will be cut off temporarily for pipe repairs and maintenance.
② The water supply interruption will last for 7 hours.
③ Residents are advised to prepare hygiene products during the interruption.
④ After repairs are completed, normal water supply will take time to resume.

15. NovaEdge Smart Hub에 관한 다음 글의 내용과 일치하지 않는 것은?

NovaEdge Smart Hub

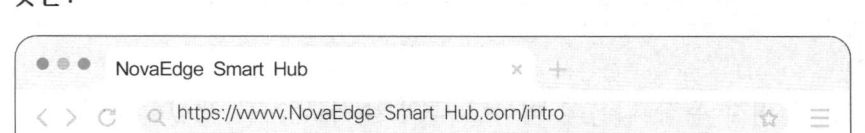

NovaEdge Smart Hub

The NovaEdge Smart Hub transforms your daily life with a seamless blend of intelligent features designed for maximum convenience and control. Effortlessly manage your smart devices through hands-free operation powered by advanced voice recognition. NovaEdge adapts to your unique preferences for an intuitive, personalized experience. Create custom routines and automate tasks to fit your lifestyle, from managing lighting and temperature to enforcing security measures. Enjoy peace of mind through robust data encryption and flexible security options that put control directly in your hands. Designed to integrate seamlessly with a wide array of smart devices and platforms, the NovaEdge Smart Hub ensures a cohesive, interconnected experience across your entire tech life.

① It operates hands-free with advanced voice recognition technology.
② It provides standardized routines designed for public use.
③ It ensures control with robust encryption and flexible security choices.
④ It integrates seamlessly with a variety of smart devices.

16. 글의 흐름상 가장 어색한 것은?

The technological changes of the past two decades have ushered in a new world of communications. ① The widespread use of cell phones, email, texting, emojis, and social networking sites like Facebook or Instagram has created entirely new ways of communicating as well as the language people use. ② Language is a complex symbolic system that people use to communicate and to transmit culture. ③ For example, 20 years ago, people who lived at a great distance from each other communicated relatively rarely. ④ Now, such people may communicate many times daily, speaking on the phone and visiting each other's websites.

17. 주어진 문장이 들어갈 위치로 가장 적절한 것은?

But if they are rearranged in a more complex pattern or piled up, he no longer can count them with consistent accuracy.

It is a great mistake to suppose that a child acquires the notion of number and other mathematical concepts just from teaching. On the contrary, to a remarkable degree he develops them himself, independently and spontaneously. (①) When adults try to impose mathematical concept on a child prematurely, his learning is merely verbal; true understanding of them comes only with his mental growth. (②) This can easily be shown by a simple experiment. (③) A child of five or six may readily be taught by his parents to name the numbers from 1 to 10, and can count 10 stones correctly if they are laid in a row. (④) Although the child knows the names of the numbers, he has not yet grasped the essential idea of number.

18. 주어진 문장 다음에 이어질 글의 순서로 가장 적절한 것은?

More and more people are choosing to study or work in coffee shops rather than at home or in libraries.

(A) However, some argue that coffee shops are not always ideal for productivity. The distractions of conversations, loud music, or overcrowded spaces can sometimes hinder focus. For this reason, coffee shops may not suit everyone's working or studying style.

(B) Moreover, coffee shops offer a balance between isolation and social connection. Being around others who are also studying or working provides a sense of community without requiring direct interaction.

(C) One key reason is the atmosphere that coffee shops provide. The background noise, warm lighting, and the aroma of freshly brewed coffee create an environment conducive to focus and creativity.

① (A) − (B) − (C) ② (B) − (A) − (C)
③ (C) − (A) − (B) ④ (C) − (B) − (A)

[19 ~ 20] 밑줄 친 부분에 들어갈 말로 가장 적절한 것을 고르시오.

19.
Just as we look different on the outside, each of us requires different amounts of various vitamins. For one person, 100 mg daily of vitamin C might be sufficient for health; for another 3,000 would be needed. These differences stem from our genetic individuality, as well as from different conditions when we were in the womb and different conditions as we grew up. As one example, people's stomachs come in all shapes and sizes, and some people produce far more digestive enzymes than do others. The person with good digestion will absorb nutrients better than the person with poor digestion. These differences exist on a very minute level in the body, but they have profound effects on our health and risk of disease. The bottom line is that everyone needs vitamins and minerals, but _____.

① no sweat no sweet
② one size does not fit all
③ too much is as bad as too little
④ one man's meat is another man's poison

20.
Automation has become an integral part of modern society, transforming industries and simplifying daily tasks. While it offers significant benefits, automation has often left _____. For example, elderly individuals frequently face challenges using self-service kiosks in restaurants, movie theaters, and supermarkets. Furthermore, the ongoing reduction of physical bank branches and ATMs has made accessing essential financial services even more difficult for older adults. Low-income families are also affected by these challenges, as they often lack access to reliable internet or modern devices, making it difficult to benefit from automated systems. Experts suggest dealing with these challenges by introducing digital literacy programs to assist those who struggle with automated systems.

① vulnerable populations struggling to adapt
② older adults reliant on traditional methods
③ younger generations indifferent to its advantages
④ automation systems more efficient for businesses

12. WFP에 관한 다음 글의 내용과 일치하는 것은?

World Food Programme

The World Food Programme (WFP) is the world's largest humanitarian organization focused on hunger and food security. WFP delivers food assistance in emergencies and works with communities to improve nutrition and build resilience. Operating in over 80 countries, it strives to end hunger by addressing its root causes, including poverty, conflict, and climate change. The organization collaborates with local governments, NGOs, and international agencies to create sustainable solutions to hunger and malnutrition, emphasizing community-based programs and capacity building. WFP's initiatives include school meal programs, food vouchers, and agricultural support to strengthen the self-sufficiency of vulnerable populations.

① It is the largest humanitarian organization focused on hunger in the US.
② It operates in more than 80 countries to fight against hunger.
③ It has an independent department working for climate change.
④ It focuses on global-scale projects rather than community-based programs.

13. 다음 글의 목적으로 가장 적절한 것은?

To: All Staff
From: Julie Hopkins
Date: January 10
Subject: Important Announcement

Dear Staff,

As we step into the new year, we reflect on the amazing journey we've had together and how much we've grown as an organization. We are excited to embark on new challenges and opportunities in the months ahead.

With that in mind, we would like to announce the retirement of Mr. John Smith, our operations manager, who has been with us for over 15 years. His dedication to improving our services has left a lasting legacy. We are also excited to welcome Ms. Sarah Park, who will be stepping into the role of operations manager, bringing her wealth of experience to our team.

We appreciate your continued support as we navigate this transition and move forward together.

Best regards,
Julie Hopkins
Sports Center Management

① to inform staff of a new company policy
② to share the upcoming holiday schedule
③ to announce staff changes and retirement
④ to congratulate the achievement of all staff

14. 다음 글의 요지로 가장 적절한 것은?

Looking after someone can be emotionally draining. It can leave you exhausted, overwhelmed, and stressed. It can also mean that you have no time for a life of your own and no time to meet up with friends and talk about your worries. Sometimes you can find yourself getting angry and resentful towards the person you are looking after because of the demands he or she has to place on you. This is a perfectly natural feeling, but it is not healthy, either for you or the person you look after. In this condition, you might prefer to carry on with your caring role alone, and you might not want to accept practical help from others. However, it can help you a lot to talk about your feelings with others, especially with people who have had experiences similar to yours and can understand just how you feel. Just look around! There are plenty of people out there who can listen and advise.

① Caregiving is all about sharing time with the patient.
② It is quite natural for a caregiver to get exasperated.
③ Empathy makes caring work more meaningful and satisfying.
④ Caregivers need to get emotional support from others.

15. 다음 글의 주제로 가장 적절한 것은?

From a linguistic perspective, all languages are equally sophisticated and serve the needs of their speakers equally well, and every human being speaks with equal grammatical sophistication. Despite this, in complex, stratified societies such as the United States, some speech is considered "correct" and other speech is judged inferior. In hierarchical societies, the most powerful group generally determines what is "proper" in language. Indeed, the grammatical constructions used by the social elites are considered language, whereas any deviation from them is often called a dialect. Because the social power of the speaker, rather than any inherent qualities of a speech form, determines a language's acceptability, linguist Max Weinreich has defined a language as "a dialect with an army and a navy."

① language and social hierarchy
② definition of language's acceptability
③ a dialect: deviation of language
④ inherent qualities of language

16. 글의 흐름상 가장 어색한 것은?

The short form of song can be a benefit or a liability for a composer. ① As a benefit, the form allows composers to communicate musical style and poetry in short bursts of creativity that can be very effective. ② As a liability, the form is so short that it may be difficult for the composer to complete his musical thought or intention and for the listener to absorb all the nuances of the style. ③ The listener also has a choice in how to listen to a song; he may try to hear it as a cohesive whole or he can focus on one or two separate elements of the piece. ④ For these reasons, there are very few composers who have mastered the composition of short songs. Certainly, short song composition has not historically been the first choice of genre for many serious composers. Some composers such as Ralph Vaughan Williams only focused on short songs in the early part of their careers.

17. 주어진 문장이 들어갈 위치로 가장 적절한 것은?

Yet others suggest that overpopulation is not the problem.

Environmentalists have long argued that population pressures are the main reasons for climate change and destruction of biodiversity. (①) Those who hold this view advocate strict control of birth rates in countries with rapid population expansion to protect limited natural resources. (②) They argue over-consumption in developed nations is depleting the world's resources, as well as preventing people in developing nations from accessing resources. (③) Since 1950, the richest 20 percent of the global population has doubled its consumption of energy, meat, forests, and metals, and quadrupled car ownership. (④) Critics argue that population-control programs allow wealthy Western nations easier access to resources, while also legitimizing their authoritarian actions against developing nations and their people.

* quadruple: 네 배로 하다

18. 주어진 문장 다음에 이어질 글의 순서로 가장 적절한 것은?

Gold is a relatively rare metal: there is about four million times more iron than gold in the Earth's crust.

(A) The reason is simple: because gold is unreactive, it does not readily combine with other elements in the ground but tends to occur in its 'native' elemental form. You can pick gold out of the earth if you know where to look.

(B) Iron, in contrast, combines with elements such as oxygen and sulphur to make mineral ores. The metal can be set free only by chemical reactions that drive out the other elements.

(C) Yet gold has been worked by smiths and craftspeople for seven millennia or more, whereas the Iron Age began only around 1200 BC and the use of iron did not become common until the time of the Romans.

① (B) − (A) − (C)
② (B) − (C) − (A)
③ (C) − (A) − (B)
④ (C) − (B) − (A)

[19 ~ 20] 밑줄 친 부분에 들어갈 말로 가장 적절한 것을 고르시오.

19.

Scattered throughout Dawkins's writings are comments that religion has been a destructive force in human civilization. Certainly, human beings, in the name of religion, have sometimes caused great suffering and death to other human beings. But so has science, in the many weapons of destruction created by physicists, biologists, and chemists, especially in the twentieth century. Both science and religion can be employed for good and for ill. It is _____ that matters. Human beings have sometimes been driven by religious passion to build schools and temples, and to create poetry and music, just as human beings have employed science to cure disease, to improve agriculture, and to increase material comfort and the speed of communication.

① how they are used by human beings
② how much science is open to religion
③ the degree to which they cause damage to us
④ why scientists study the relationship between them

20.

Good health is often associated with regular exercise, a balanced diet, and sufficient sleep. While these are essential components, mental well-being is equally critical but sometimes overlooked. Chronic stress, if left unmanaged, can lead to severe health issues such as hypertension, diabetes, and even depression. Research shows that stress weakens the immune system, making the body more vulnerable to infections and diseases. Incorporating stress-relief practices like mindfulness, deep breathing exercises, and physical activities such as yoga can significantly reduce stress levels and improve overall health. These practices not only enhance physical well-being but also foster emotional resilience, helping individuals navigate daily challenges more effectively. The importance of _____ cannot be overstated.

① physical health
② stress management
③ dietary supplements
④ regular check-ups

12. 다음 글의 목적으로 가장 적절한 것은?

	Send Preview Save
To	All Members
From	Cindy Brown
Date	January 2
Subject	Important Notice

Dear Members,

To welcome the vibrant and bright new year, we're eager to share some important updates aimed at enhancing your experience at our sports center. Ensuring a safe and top-quality facility remains our utmost priority.

We will temporarily close the gym and swimming pool from February 1 to February 7 for essential renovation work. We're pleased to inform you that, following these upgrades, there will be no increase in membership fees. Additionally, we will offer special programs at our partner gym to help you maintain your fitness routine during this period.

We apologize for any inconvenience this may cause and greatly appreciate your understanding.

Best regards,
Cindy Brown
Sports Center Management

① to share holiday season event schedules
② to notify about facility closures for maintenance
③ to announce an increase in membership fees
④ to promote a special event at the new facility

13. 다음 글의 주제로 가장 적절한 것은?

Human multitasking is the ability to perform more than one task or activity at the same time, such as speaking on the phone while driving a car. It is often said that multitasking is problematic because it can reduce your performance and your brain can only focus on one thing at a time. However, new studies discovered that besides being problematic, multitasking even kills your performance and may even damage your brain. The researchers show that, in addition to slowing you down, multitasking even lowers your IQ. A study at the University of London found that participants who multitasked during cognitive tasks experienced IQ score declines that were similar to what they'd expect if they had smoked marijuana or stayed up all night. High multitaskers also had less brain density in the anterior cingulate cortex, a region responsible for empathy as well as cognitive and emotional control.

*anterior cingulate cortex: 전방대상피질

① the unexpected damages of multitasking
② the negative effects of multitasking in the workplace
③ the impact of multitasking on efficiency reduction
④ real risks of multitasking to your career

14. 다음 글의 내용과 일치하지 않는 것은?

We are thrilled to invite you to a special book signing event with the renowned best-selling author, Joan Collin, celebrating the recent release of her latest book, *Breakfast at Van Cleef*. This is a unique opportunity to meet the author in person because it's her first-ever signing event. Ask her questions about her writing journey and take part in this memorable experience!

Event Details:
- Date: April 4 - April 5
- Time: 2:00 p.m. - 4:00 p.m.
- Venue: Barnes & Beans Union Square
- Additional Activities: Q&A session, photo opportunities, and a chance to win a signed book!

Bring your copy of *Breakfast at Van Cleef* or another of her bestsellers to get it signed. Copies will also be available for purchase at the venue. Arrive early to secure a good spot, as this event is expected to fill up quickly.

For more details, check out www.barnesandbeans.com/events/booksigning.

① The new book of Joan Collin has recently been published.
② The author has never held a signing event before.
③ Readers can buy one of her books to get the author's signature.
④ Readers may arrive on time as there are enough seats.

15. 다음 글의 요지로 가장 적절한 것은?

Emerging Cyber Threats

Emerging cyber threats, such as new vulnerabilities, malware, and attack strategies, pose serious risks to digital systems and economic stability. These threats can disrupt infrastructure, compromise data, and strain global partnerships.

OCP's Mission

The Office of Cybersecurity Protection (OCP) focuses on protecting digital infrastructure and public safety. Its mission is to prevent and address cybersecurity incidents that disrupt the economy, compromise data, and threaten national security. In line with this mission, OCP has prioritized preparedness for cyberattacks and breaches for years to address evolving threats.

OCP's cybersecurity experts are on call 24/7 to detect and mitigate breaches. Investigations start when suspicious activity or irregularities are reported or detected. OCP also provides cybersecurity training to organizations to help prevent future breaches.

① OCP focuses on readiness and response to cyberattacks.
② Emerging cyber threats can harm international relations.
③ Cybersecurity incidents cause severe economic disruption.
④ OCP has experts equipped to deal with cyber threats 24/7.

16. 글의 흐름상 가장 어색한 것은?

Mimicry makes us feel as though we are more than we actually are through fantasy, pretense, and disguise. Our ancestors, as they danced wearing the masks of their gods, felt a sense of powerful identification with the forces that ruled the universe. ① By dressing like a deer, the Yaqui Indian dancer felt at one with the spirit of the animal he mimicked. ② A novice singer who blends her voice in the harmony of a choir by mimicking outstanding vocalists finds chills running down her spine as she realizes she contributes to creating the beautiful sound. ③ Soccer players often have to play in hot environments for certain periods due to the nature of the tournament venue and the duration of the professional soccer league. ④ The little girl playing with her doll and her brother pretending to be a cowboy also stretch the limits of their ordinary experience. By doing this, they temporarily become someone different and more powerful as well as learn the gender-typed adult roles of their society.

17. 주어진 글 다음에 이어질 글의 순서로 가장 적절한 것은?

Audi once experienced a downturn due to an event that was beyond its direct control. Like many automobile companies, it struggled with the weak economy of the late 1980s and the influx of Japanese luxury imports into the U.S. market.

(A) According to news reports, the Audi 5000 could unintentionally accelerate despite a driver's attempts to stop the vehicle by pressing the brake pedal.
(B) Needless to say, the press coverage caused considerable public concern and severely hampered consumer confidence in the Audi brand; the sales plummeted for nearly half a decade following the report.
(C) However, among the primary causes of its downturn was a claim that the Audi 5000 — one of its most popular models — experienced what was termed "sudden acceleration."

① (B) − (A) − (C)   ② (B) − (C) − (A)
③ (C) − (A) − (B)   ④ (C) − (B) − (A)

18. 주어진 문장이 들어갈 위치로 가장 적절한 것은?

However, despite the expected benefits, there are also some risks to be taken into account so that remote learning does not create new risks.

Remote learning is expected to help make education more accessible. (①) Remote access to education can provide learning opportunities for those who have not been able to access educational institutions due to various barriers, such as physical distance or health problems. (②) Remote learning can also contribute to sustainable development, as the knowledge developed in a particular country or institution can be disseminated to a wider range of learners. (③) Among those are included a growing digital gap, or social inequalities between different income groups, as high-income countries will be able to invest in technology and knowledge while in low and middle income countries, resources for educational development are lower. (④) This may lead to a situation where only privileged groups of people have access to knowledge.

[19 ~ 20] 밑줄 친 부분에 들어갈 말로 가장 적절한 것을 고르시오.

19.

The climate of a particular region is made up of the average weather conditions over a period of a few decades. It is defined by variations in factors such as temperature, rainfall, wind, and sunshine. High temperatures and a lack of rainfall are two aspects of climate that many people routinely associate with deserts, and indeed both the world's hottest and driest places are located in desert areas. However, desert climates also _____. Many dry zones experience freezing temperatures and snowfall is commonplace. Although they are dry for most of the year, individual storms can bring large amounts of rainwater to deserts. For much of the time, desert skies are cloudfree, which means deserts receive larger amounts of sunshine than any other natural environment. However, fog is not unusual in several coastal deserts, and some typically have more foggy days than rainy days.

① appear in certain areas
② embrace other extremes
③ cause loss of soil richness
④ become suitable to live in

20.

With story you can address both sides of an unresolvable conflict like the ones we face daily in organizations. Consider a common conflict embedded in business. Most organizations promote two guidelines: "the customer is king" and "employees are our greatest asset." Yet in fact these two rules can become completely opposed. For example, when a customer treats an employee like dirt, the "guideline" that says the customer is always right ceases to make sense. Guidelines and rules can't deal with a paradox. A story can. A good story allows an employee to actively participate and come up with his or her own creative alternative that balances an unresolvable conflict. Story validates the specific circumstances people experience at the same time it invites them to look from another point of view. Rules provide fixed solutions lacking flexibility in paradoxes, whereas story invites them to _____.

① actively facilitate the conflicts
② separate their opinion from others'
③ justify the paradoxical situation
④ creatively reframe their dilemma

12. SecureID 시스템에 관한 다음 글의 내용과 일치하지 않는 것은?

Use the new SecureID system to protect your online activities.

The new SecureID system is designed to ensure your online privacy and security. One notable feature of SecureID is the Multifactor Authentication, which adds an extra layer of protection by requiring users to verify their identity through multiple steps. This system is part of an ongoing effort to keep users' personal data safe from potential threats. SecureID will also include regular security updates, aiming to stay ahead of new risks and maintain user confidence. To begin using SecureID, simply download the app from the application store on your mobile device. Additionally, SecureID offers a desktop version for users who prefer working on a computer rather than a mobile device.

① It offers Multifactor Authentication for enhanced security.
② Security updates are going to be applied periodically.
③ Access is possible by downloading the app from the official website.
④ Users can access SecureID on both their desktop and mobile devices.

13. International Renewable Energy Agency에 관한 다음 글의 내용과 일치하는 것은?

International Renewable Energy Agency

The International Renewable Energy Agency (IRENA) is an intergovernmental organization that promotes the adoption and sustainable use of renewable energy worldwide. IRENA's mission is to enhance energy security, protect the environment, and stimulate economic growth through renewable energy development. IRENA's key responsibilities include advocating for renewable energy technologies, providing technical assistance to other countries, and collecting and analyzing data on renewable energy trends. By supporting countries in their transition to renewable energy, IRENA aims to create a more sustainable and resilient energy future for all.

① It accelerates for the global implementation of renewable energy sources.
② It places its primary focus on developing conventional energy sources.
③ It receives technical assistance from various countries worldwide.
④ It supports countries in reducing their reliance on renewable energy.

14. 다음 글의 주제로 가장 적절한 것은?

Good companies have a reputation for listening to their people. Brinker International, owner of Chili's, On the Border, Romano's Macaroni Grill, and other restaurant chains, is one of the nation's best-run food service chains according to *Restaurants and Institutions* magazine. Almost 80 percent of its restaurants' menu items have come from suggestions made by unit managers. What's good for effective companies is good for individuals. When you consistently listen to others, you never suffer for ideas. People love to contribute, especially when their leader shares the credit with them. If you give people opportunities to share their thoughts, and you listen with an open mind, there will always be a flow of new ideas. And even if you hear ideas that won't work, just listening to them can often spark other creative thoughts in you and others. You'll never know how close you are to a million-dollar idea unless you're willing to listen.

① the importance of putting ideas into practice
② the innovative ideas generated by listening well
③ the faithfulness to basics as a secret of success
④ reasons to concentrate on what you are good at

15. 다음 글의 요지로 가장 적절한 것은?

Although sports fans express "faith" in their team, this is not the same thing as religious faith. Religious adherents pay homage to a "sacred" world that is not visible and that is promoted by people who cannot show empirical proof of their unearthly claims. Sports, on the other hand, are visible and tangible. Sports fans and athletes need no other verification of the validity of sport than simply to observe the phenomena before their very eyes. Sports fans must have "faith" that their team or favorite athlete will prevail, but no such faith is necessary to verify its existence. Religious adherents are told to have faith in an entity unseen and unverifiable. Religious beliefs are based on a leap of faith. Sports fans keep tangible records and hope for victories in this world rather than the world to come.

① Sports are real while religion is spiritual.
② Both sports fans and religious believers are mentally healthy.
③ Sports have the same enthusiastic faith as religion.
④ Religious faith has been declining recently

16. 글의 흐름상 가장 어색한 것은?

The things others tell us in person and by email and text message have a significant impact on what we think, read, buy, and do. Consequently social influence has a huge impact on whether products, ideas, and behaviors catch on. Word of mouth from a new customer results in an almost $200 increase in restaurant sales. ① A five-star review on Amazon.com leads to approximately twenty more books sold than a one-star review. ② Doctors are more likely to prescribe a new drug if other doctors they know have prescribed it. ③ We tend to prefer websites that are easier to use, drugs that are more effective, and scientific theories that are true rather than false. ④ People are more likely to quit smoking if their friends quit and get fatter if their friends become obese. In fact, while traditional advertising is still useful, word of mouth from common people is at least ten times more effective.

17. 주어진 문장이 들어갈 위치로 가장 적절한 것은?

This means teenagers buy almost the same clothing, games, music, food, entertainment, and just about anything else they can think of whether they are from the United States, Korea, England, or France.

A teenager is a person who is thirteen to nineteen years old and is on their way to college. An adult is someone who has completed puberty and pays their own bills. The difference has nothing to do with maturity level. Here is why adults can't tell one teenager from another. (①) Unlike other demographic groups, teenagers are far more influenced by their peers than any other age group. (②) Peer influence is so powerful at this age that teenage consumption habits are even consistent across cultures. (③) Adults, on the other hand, are just as likely to be influenced by someone outside their peer group as those inside it. (④) Adults are influenced by coworkers, parents, kids, or just about anyone else with some seemingly good advice.

18. 주어진 글 다음에 이어질 글의 순서로 가장 적절한 것은?

The theory that tadpoles were almost deaf held for about forty years before anyone even tested it. The first attempt to record auditory responses from tadpoles' brains showed that the tadpoles had the expected poor hearing sensitivity.

(A) The results would indicate that you have very poor hearing, with almost no responses to low-frequency sounds (as shallow water acts like a filter for higher-frequency ones, which tadpoles cannot hear in water) and a complete inability to localize where sounds were coming from. To the frog scientist, you are clearly deaf.

(B) In fact, the tadpoles they recorded from were wrapped in wet gauze on a board out of the water and had airborne sounds played to them. Imagine that a frog scientist was trying to test your hearing while your head was underwater in a bathtub.

(C) It would seem that the case is closed. However, rather than establishing a scientific fact, this study highlighted one of the problems scientists face when studying things based on expectations rather than on testing basic facts.

① (A) − (C) − (B) ② (B) − (C) − (A)
③ (C) − (A) − (B) ④ (C) − (B) − (A)

[19 ~ 20] 밑줄 친 부분에 들어갈 말로 가장 적절한 것을 고르시오.

19.

Many an ant species, Darwin knew, _____. The honeypot ant of the American deserts has workers whose sole job is to hang upside down, motionless, like great big pots of sugared water, so that they may be tapped when the queen and her brood are thirsty. Members of another class in the same species have gigantic heads with which they block the nest entrance before intruders. The leafcutter ants of South America display social classes that differ in weight up to three hundredfold, from small quiet fungus gardeners to giant ferocious soldiers. In the ant world some tend to the queen, others to the nest, others to food, others to battle — each to his class and each to his fate. What Darwin found amazing was that besides the queen and a few lucky males, all the rest of the ants are effectively neuters. This made no sense if success in the battle for survival was measured by production of offspring.

* neuter: 중성형 곤충

① was not independent of queen ants
② was originated by ecological pressures
③ did not have permanent places or nests
④ was divided into behaviorally specialized class

20.

With an intrinsically valuable activity, our interest is focused on the activity itself, not its results. Although such an activity has results, it is not performed in order to achieve them; rather, its value is in the activity itself. Reading a book is an example of an intrinsically valuable activity. Unless we are sleep-deprived undergraduates, we read books because we value doing so, not because we get a certain tangible rewards (such as passing our courses); accordingly, we do not try to finish reading as quickly as possible. Moral activity, which is accompanied by the pleasure of helping other people — without regard for cost-benefit calculations — is another example of an intrinsically valuable activity. Such activities have a built-in system of reward. Despite the lack of _____, they largely determine the quality of our lives. As the Roman poet Ovid said, "Nothing is more useful to mankind than those arts which have no utility."

① moral duties   ② external goal
③ steady activities   ④ active supervision